ちくま文庫

嫌ダッと言っても愛してやるさ!

遠藤ミチロウ

筑摩書房

目次

第1章【1980年代初期】
「玉ネギ病のあやしい幻覚」 15
何だかんだと自分の不幸を売り物にしてさ 16
「美少女玉ネギ病」でみんなマゾヒスト 19
「ストップ・ザ・日本人」思想でおまえも非国民 22
死にたくない!! 24
オデッセイ・1985・キリシタン 40
「クレムリン通信」オヤスミナサーイ、アザラシ諸君!! 44
第2章【1980-1985】
「嫌ダッと言っても愛してやるさ!」 51
レコ倫 53

DISCOMMUNICATION FOR FUTURE!――58
岩壁のストリート・ファイティングマン――61
「金をかけて売れた音楽＝良い音楽」この公式を引き裂きたい。――66
割れた鏡の中から……――ジャックス論――71
その1――71　その2――75　その3――79　その終り――82
公衆を犯す――87
クソあるいはウンコ――92
動物メニュー〔密猟〕小さいころ家では、犬やネコを飼ったことがない――95
冷蔵庫人間――100
弾圧的欲情の陰り――103
排便編――103　疾病編――106
革命的日常――112
宮沢正一の〝うた〟――115
豚――119
ROCK SONG PART.1――122
ROCK SONG PART.2――126

第3章【1983・7・20】対談 吉本隆明
「カルチャーの瓦礫の中で」 139

第4章【2000-2003】ミチロウのマンガ解説
TALK ABOUT THE COMICS 169

『銭ゲバ』は資本主義の旧約聖書だ 170
生殖を前提としない性に、初めて面と向かってしまったボクらの同棲時代 174
教祖タカハシ（詩） 178
平口広美の精液 180
全能の「ヒップ」の神に勃起 183

『嫌ダッと言っても愛してやるさ!』2003リミックス版 あとがき 186
2007リミックス新装版 あとがき 189

第5章
歌詞と詩と未収録エッセイ 191
●歌詞
電動コケシ 196
ロマンチスト 199
STOP JAP 202
ストップガール 205
MISER 208
ワルシャワの幻想 210
天プラ 211
虫 212
お母さん、いい加減あなたの顔は忘れてしまいました 214
オデッセイ・1985・SEX 218
誰かが寝ているような気がする 222
誰だ! 223
父よ、あなたは偉かった 226
パティ・スミスの『ラジオ・エチオピア』が聞こえる 231

●詩

十九才　243
トコロテンノウマイミセ　247
ダーク・ランド　249

●未収録エッセイ

父が死んだ　250
パティー・スミスがやって来た　255
遠藤ミチロウバイオグラフィー　258
初出一覧　271
解説　石井岳龍　276
帯文　峯田和伸　282

次頁扉写真撮影　石垣章
次頁デザイン　松本弦人

嫌ダッと言っても愛してやるさ！

遠藤ミチロウ

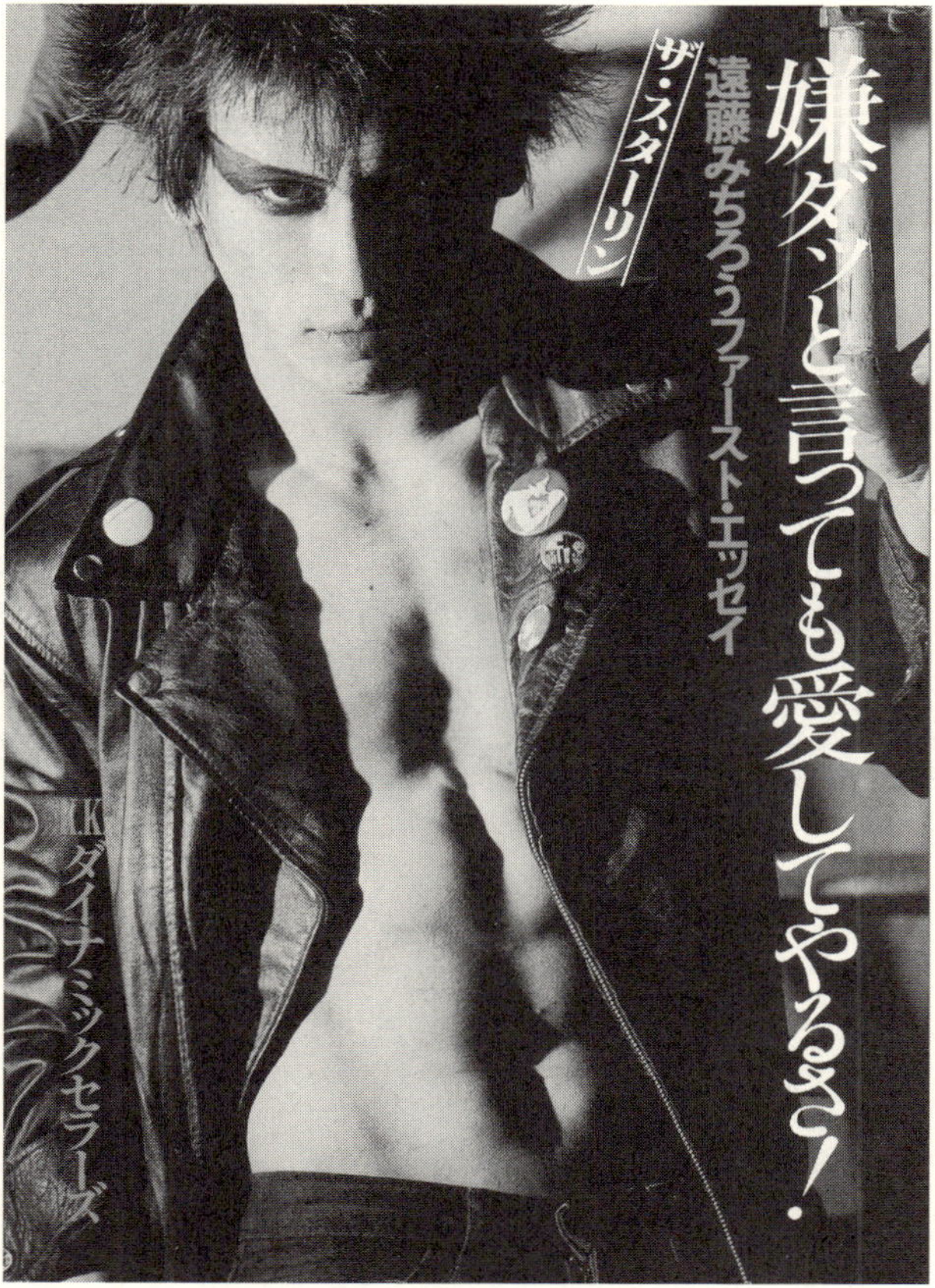

本書の単行本（1982年12月刊　絶版）石垣章＝写真、神山昇＝デザイン

撮影　石垣章

撮影　石垣章

撮影　石垣章

第1章　【1980年代初期】

「玉ネギ病のあやしい幻覚」

何だかんだと自分の不幸を売り物にしてさ

3点セットというのは良く出来たもので、それだけでひとつの世界が見えてくる。幸福、絶頂、エクスタシー、これはまるで女だけに与えられた特権みたいなものだ。しかも〝現実〟という裏打ちがある。エクスタシーを恍惚に直してみろ。まるで夢を見続けて結局何も果たせなかったさびしい男の人生じゃないか。

不幸、孤独、用なし、とでもした方が実際的で納得できるというもんだ。だいたい不幸なんて他人と比較することから始まる。いや比較しなきゃ生きていけない社会にいることだけで、十分不幸なのだ。

ぼくは何しろ、6歳以前の記憶がまるでない。記憶がないっていうくらいだから、よっぽど幸福だったんではないだろうか、〝純粋幸福〟とでも呼べるぐらい。

別に大金持ちでも〝や〜いビンボー人〟と馬鹿にされる極貧のせがれだったわけでもない。テレビのホームドラマが非常に現実的に感じられるぐらい気持ちの悪い善良な家庭環境に育った少年だった。ところが不幸は学校というところに行きだしてからである。

へたに頭が良かったせいか、何をやっても比較の対象になってしまう。純粋だった親に対する愛情も成績表やもろもろの評価で表されるようになってくると、人間、屈折したり天狗になったりだんだんセコくなってくる。16を過ぎたころからは、そういう自分にいやけがさして落ちこぼれに開き直るともう諸悪の根源だ。

まあ、何だかんだと表現なんぞやっているのは自分の不幸を売り物にしているあわれな人種だが、とかくこの世は他人の不幸を食い物にしないと幸福なんぞというものにはお目にかかれない。体ひとつで幸福とか絶頂とかエクスタシーを得ることができる女は、ひたすら憧れの対象だ。生まれ変わるなら絶対女だと心にかたく決めている。

しかしぼくも一度だけ絶頂感というのを味わったことがある。それは初めてオナニーをしたときだ。コタツにもぐってシコシコわけもわからずやっていたら、突然ブルブルと震えがきて目の前が真っ黄色になったのだ。確かに恐ろしいぐらい気持ちが良かった。しかし後にも先にも、それ一回きりである。その一回のために何千回とムダなことをしているだけなのだ。オナニーの世界でさえそれっきりなのに、他人がかかわる男女の行為などは、さらに後味がやり切れないものだ。幸福、絶頂、エクスタシー。

縁遠ければ遠いほど、単なる憧れになっていく。

「美少女玉ネギ病」でみんなマゾヒスト

世の中、きっと甘えたくて甘えたくてしょうがないのだ。昔はよかった、昔はよかったと……。何が昔はいいもんか、歌謡ベストテンをテレビで見ていたら、なつかしのＧＳ〝タイガース〟が「ボクの美少女よ……いつまでも色つきの女でいてくれよ〜〜〜」って唄ってた。これが売れているんだから世の中はやっぱり甘えたくてしょうがないのだ。

僕はなつかしの〝美少女〟を考えるときはヤリまくってヤリまくってムチャクチャに犯しまくってズタズタにすることにしている。そんなときはよくマスをかく。そうでもしないと思い出すなんてバカバカしい。〝美少女〟とは、想いをとげられなくて残念だったということにすぎないのだ。でも記憶や幻想の中でも思い出は勝手に年をとって、突然現実となるのだ。それがコワイ。僕はそれを「玉ネギ病」と、呼んでいる。

「玉ネギ病」は人それぞれ症状があって、的確な判断は下しにくいが共通点は一様に理由もなく悲しくもないのに涙が出るということらしい。美少女は玉ネギ病にかかったときに見る幻覚なのだ。僕は先天的に玉ネギ病にかかりやすい資質らしく美少女ばかりがゾロゾロ飛び出してきて気持ち悪いぐらいだ。ニガ手なおふくろだって僕の知らない彼女の少女時代を考えるときっと〝美少女〟だったに違いない。そこまで考えるとうんざりしてくる。人間ジジババになっても初恋とかなんとかなんて考えてウットリしてるんだよ……ウヘェー気持ち悪い……とは思わない。

実は、僕もこのあいだ中央線の電車の中で、思い出の〝美少女〟にそっくりの女の人(頭の中ではとっくに大人になっている)に会って終点までついていってしまったのだ。いや実に興奮した。急性玉ネギ病の再発だ。胸はドキドキ、あそこはビンビン、声をかけることも出来ず自分の降りる駅も忘れてた。○○ちゃんに違いない……。とうとう彼女が電車から降りるとき意を決して声をかけた。

「○○さんですか?」

そしたら、

「ハア?」と不審そうに「違います!!」と。

突然、現実に引きもどされた。そしたら関係ない若い男が何かあったのかと近づいてきたので、今度は完全に白けた。しかしわずか30分、実に情けなく楽しかった。なんせ思い出の〝美少女〟は昔誕生日のプレゼントにタイガースの『青い鳥』【註】をくれたんだから……。

「僕の美少女よ……」は憎さあまって今ではみんなマゾヒストだ。玉ネギ病はコワイ。

【註】タイガースの『青い鳥』

タイガースの正式名称は「ザ・タイガース」。1967年、「僕のマリー」でデビューし、一躍GS界の人気アイドルグループとなった京都出身のGSバンド。68年、「銀河のロマンス」「花の首飾り」が大ヒット。メンバーはジュリーこと沢田研二（Vo.）、岸辺おさみ（Ba.）、加橋かつみ（G.）、森本太郎（G.）、瞳みのる（Dr.）の5人。69年、加橋かつみが抜け、替わりに岸辺シローが参加。68年発売の「青い鳥」は、メンバー自身作の楽曲がほとんどない中で、ギターの森本太郎が作詞作曲した貴重なラブソング。ちなみに、ベースの岸辺おさみは、現在、キムタクと一緒にCMに出ているヘンなオジサン役の異色俳優・岸辺一徳。

「ストップ・ザ・日本人」思想でお前も非国民

全国の不健全なる青少年少女ならびに落ちこぼれ、変態、根暗人間、異常愛国者、および名誉ある売国奴諸君！　待ちに待った、ザ・スターリンのＬＰがいよいよ発売になるんだゾ！　買え！　買え！　買え！　これはお願いではなく命令だ。金のないヤツはレコード店から盗んででもいいから手に入れろ！　あっ、それから自分は正常な人間だと思っているそこいらのお兄さん、お姉さん、お坊ちゃん、お嬢ちゃんたちも買いましょうね。スターリンを知らないのでは、時代に乗り遅れますよ……。

ＬＰタイトルは『ストップ！　ジャップ』。この一枚であなたもあこがれの非国民になれます。何もレコードを聴くためだけに買うんじゃなくてもいいのです。ほら、あの色あせたうちの壁にかざってある誰かさんの結婚記念写真の横に並べておいてもいいのですよ！

ところでぼくらは日本人。煮ても焼いても日本人。食えないならまだいい。食われても日本人。吐き気がするほど日本人。ウンコまで日本人。小便までいくぶんココロなしか黄色いという。そんなこんなで骨のずいまで日本人なのが白にあこがれたり、黒にあこがれたり、音楽の世界なんてそれの見本市みたいなもんだ。イヤ、オレはアジアだ、なんて開き直るヤツほど、私は悪い日本人です、とかザンゲしやがるから手に負えない。日本人にイイも悪いもあるものか。背に腹はかえられないくらい悲しいかバカバカしいかのどちらかだ。とにかくオレは日本人っていうの大嫌いだ。毛唐も嫌いだ。だいたい何《ナニ》人かでなければいけないというのが邪魔くさいのだ。

　オレの生まれた東北なんて、日本の中の第三世界。二千年来、いわゆる日本にいじめられつづけてきた反動で、第二次大戦では輝ける皇軍の旗手としていちばん一生懸命人を殺したという皮肉な歴史をもっている。いちばんズルいやつらは絶対傷つかないのだ。だまされるなよ。きれいごとの話の裏には必ずえげつない現実が付着しているんだ。ニッポンなんていう甘い響きには反吐が出る。しかしおいらは悲しいけど日本人。

　だから、日本人だ、なんて胸をはる発想はとにかくぶっつぶしたほうがいい。ついでにレコ倫もぶっつぶせ！

死にたくない!!

オレは落ち目だ！

オレは東北出身だ。だから暗い。マゾヒスティックだ。強暴だ。変態だ。当り前だろう！　文句あるか。三十過ぎの男がだ、ただで目立とうなんて甘すぎると思うよ。年が若いだけで、それでラジカルだ、なんて勘違いしてる奴ばっかりがウヨウヨしてる日本じゃ、中年は年くってるだけで落ち目だよ。まあ、せいぜい、「何が経験だ、何が蓄積だ、ろくなことをしてこなかったくせに偉そうな口きくな！」と言われるのが、オチである。

若者を撲殺せよ！　というコピーを何かの雑誌で見かけたときは、オレは狂喜したね。あげくのはてに「撲殺」っていう曲までつくってしまったのだ。

脳ミソが、大嫌いなんだ――
オマンコが大嫌いなんだ――
みんな　みんな　撲殺！

歌詞なんて短ければ短いほどいいもんさ。読めば読むほど、どうでもいいと思えることの方が、歌うときはえらくリアルになってしまう。

まあ、そんなのはどうでもいい。

とにかくオレは落ち目なのだ。

何がって？　当たり前だろう、肉体が、だ。とにかくこれほど正直なものはない。だから歌なんてうたってるヤツは、敏感にそれを感じた奴だろう。感じもしないでうたってる奴に、ロクな歌がない。こればっかしは比較しようがないネ。何しろ自分でしかわからないんだから。

やっかいになり出したら、それは落ち目になったという証拠である。

ウジ虫になれたら最高だ！

それに東北出身――。東北の歴史は空白である。抹殺されたということだろう。教科書にのっているような「歴史」が始まったころから、千数百年培われた風土コンプレックスが、いくら田舎の秀才だ、美少年だ、奇人変人だ、恥だ、と言われても、そう簡単に抜けるはずがないだろう。テレビをつければ、素朴だ、ねばり強い、人が好い、だまされやすい、単純だ、バカだ、ウスノロだ――とまるで奴隷か牛や馬だぜ、東北人は。まったく。

だから、牛や馬以下と言われてる、豚やゴキブリにでもなるしかないじゃないかヨ――まあ、ウジ虫になれたら最高だろうな。クソを食って飛び立つ。これほどロマンチックなことはない。

そういえば、子供の頃、オヤジから聞いた戦争の話に〝ウジ虫御飯〟というのがあった。

太平洋戦争。海の果て、ガダルカナル。もう完全な負け戦で、腹は減るし、センズリこく気力はないし、病気は蔓延するし、薬はないし、傷ついても手当てが出来ない、見るも無惨な乞食集団。

毎日バッタ、バッタと人が死んでく中で、幻覚を見るそうな。死にかけた負傷兵の傷口からウジ虫が湧き出して、それが真っ白く、異様にキレイで、無邪気にノソノソと動くもんだから、突然！　それが炊きたてのホッカホッカの米つぶに見えて、思わず口に入れてしまった――という話。

あんまりおいしそうに言うもんだから、それ以来オレは、畑のすみのタメチョ【註：福島地方の方言。野ツボ、コエダメのこと】に湧いているウジ虫の山を見て、「あれが御飯か……！」とため息をついたものである。

あげくのはてには、川に釣りに行ったとき、エサに持っていったサシ【註：魚の内臓に培養したウジ虫】を見て、あんまりきれいなもんだから、つい一匹、パクッとやってしまった。実に、マズかった。

それからウジ虫焼肉。

ネパールに行ったときだった。肉屋のかけらもない田舎で、やっと手に入れたヒツジの肉を、腹が減ったからとかたまりごとジューージューーと丸焼き。さあ食おう、とかぶりついた肉の中からポロポロと白い粒が落ちてきた。何だ？　と思ってよく見ると、なんとウジ虫の蒸し焼きではないか。ヒュー。しかし、羊の肉は実においしかったのです。腐りかけた肉ほどおいしいというのは本当です。

とにかくウジ虫は、実においしそうに動く。この世に食えないものはないというように、セッセと食いまわっている姿は、まったく感動的だ。まあ、食うこと以外に仕事がないというのは、ウジ虫も、ゴキブリも、豚も牛も、人間も同じだけどね。

スターリンは「仮想敵国」だ！

とにかく、スターリンが汚い、キタナイ、と言われて久しいが、バンドの方もイメージチェンジ、イメージチェンジと努力して久しい。しかし努力のかいがあったのか、なかったのか、最近はジャリタレ並みに中学生のファンまで来るようになった。メデタシ、メデタシ！　もう田舎に行ったら、国民的なスキンヘッズがわんさと来るんだから、これを感動と呼ばずして、スターリンは英雄となれない。ましてや、国民的英雄にはねー。

この間、仙台ではなんと小学一年生まで来てたんだゾ。サインは圧倒的に豚のマーク。もう一つのサルのマークはあまり人気がなかった。サルは食えないからつまらない、とのこと。しごく納得――。

それから山形に行ったとき、山形に8年間住んでいる間、ずっとお世話になっていた飲み屋のおばさんの店へ寄った。そこの娘が、小学生がらいつのまにかもう高校一年生になっていて、そんでもってスターリンのファンだという。レコードを持ってきてサインをしてくれと言われたときは、もう、えらく感動してしまった。

おばさんは「ありがとう」と言って、地酒の一級酒を一本ポンとくれた。しかし、変態、暴行、フェラチオ……云々、と書かれた週刊誌の記事を読んでよく知っているので、「娘には、こわいから行かない方がいいって言ってるんだよ……」って笑ってた。

オレは酒が飲めないので、飲んべえのベースのシンタロウ君へ、おみやげの一升ビン。次の日も移動中の車の中で、昼間っからいい気持ちで宴会は続いていた。

しっかしツアーは疲れた。さすがに肉体は落ち目だね。年寄りの長旅は体によくない。秋田で背中をぶつけて、体が痛くて曲らなくて、明日は車イスGIGでもやろうかと考えたときは、オジサンと呼ばれたらどんなに楽だろうかと思ってしまった。

『すすめ!! パイレーツ』のオジサンは「オジサンはねー、オジサンはね……」でロ、リ、コンになってしまえるが、オレはいつのまにかト、ウ、コ、ンになってしまうではないか。

シンタロウ君！　スターリンはプロレスじゃないんだ。誰が人間なんかなぐりたいもんか。馬之介じゃあるまいし。殺した方がまだスッキリするんではないでしょうか、軍司さん。いえいえ、長崎は今日も雨らしいです、奥さん。ぼくは熊本ラーメンを食いそこねました。

九州でのぼくらはまるで、田原坂（タマラン坂ではないんだよ、清志郎!!）の元会津兵の兵隊みたいだった【註：歴史を勉強しよう、明治は遠くない！】。実にナショナリズムだったのだよ。長崎のみなさんお元気ですか！

ところでナショナリズムではなく、郷土のホコリ。あのロッキードの児玉誉士夫は、ぼくの田舎、二本松市の出身だ。「福島の角栄」とは言われなかったが、「売国奴！」と言われて飛行機に突っ込まれたりしたのにはスターリンもびっくり。スターリンはしょせん「仮想敵国」なんだろうか？

北へ帰る「演歌」の時代は終った。しかしそろそろ、北からやって来る「スターリン」の時代は「北方領土」より夢がないのだよ。

諸君！　ノー・フューチャー、ネバー・フューチャーなのだよ。決して「未来」なんかじゃない。「現実」なのだ。そして「現実」は「神」なのだ。音楽は宗教なのだ。ロックは免罪符なのだ。スターリンは宗教革命なのだ。パンクはそのときたれ流すクソなのだ。

「又、ウジ虫が食いたくなったよ……オトウサ〜ン」

「飛び立ったハエたちはどこへ行ったんでしょうね、オカアサン」

「きっと便所の中でしょう」

　しかしこれではあんまり牧歌的すぎる。下水道の街・東京で、年季の入ったクソの固まりを見たことのある子供達は何人いるのだろうか（水洗便所の発達は鼻感を損ねる）。

　だから、スターリンは臭いのだ。

　あたりまえだろう。クソの固まりだもの。しかし、スターリンによく似た名古屋の何トカというバンドが、ステージでとうとう本当のクソを食ったときいたときは、やっぱり高橋くん、エライ！　と思ったよ。まあ、自家中毒をおこさないようにガンバッテ下さい……。

　名古屋は大都会だからきっと年季の入ったクソの山を見たことがなかったんだろうか。それとも車に引き潰されたネコの死体に群がるハエの山というところに違いない。ええ、ネコの亡霊のように執念深くやるんですな。

近代風土病「玉ネギ病」

しかしですなあ、いくらオバケが好きといったって、大阪の天王寺のゾンビ達が愛嬌があるといったって、「非常階段」はハード・コアなんかじゃないのだ、と「非常階段」の岡くんが怒っておりましたよ、関川さん!【註:宝島編集長の関川氏の週刊現代での問題発言】「非常階段」が食ったのは、ミミズなんですよ、関川さん! サバの内臓は肝臓によくないのだそうです、関川さん! ぼくのあこがれのセミ丸【註:「非常階段」の美少女】は髪を切ってしまったのだそうです……セ・キ・カ・ワ・サ・ン!白状しなさい!

そうなんです。

スターリンは病気なのです。近代風土病、「玉ネギ病」。「時刻病」とも「遅刻病」とも言われているが、とにかく涙が止まらないのだ。泣けるのだ、理由もなく。遅れると病気といわれ、早すぎると早漏といわれ、病気はどんどん進んでいくばかり。そのうち流行《はや》り出したら、クスリが欲しい、と悲惨なパターンはいつも、「時間」の問題だった。

そう「玉ネギ病」は「治《なお》る病気」なのだ。つまり、病気にかかれば、かかるほど治ってくという、奇妙なサバイバルな病気なのだ。だから「玉ネギ病」をなおすには、重症なヤツほど徹底的に体に頭に、悪いことをしなければならない。毒には毒で制するがごとく。ほおっておくと、死ぬほど健康的になってしまうのだ。これはマズイ。

しかし、決定的な治療法はある……。それは〝死ぬ〟ことだ。死ねばモロトモでなくマトモになれるのですよ。「死にたくない、死にたくない」と走り回っているスターリンは、まるで「慢性的玉ネギ病」。それをオレは「居直り」あるいは「開き直り」と呼んでいる。きみはかかっていないのかな?

近代風土病。正確には「東北型時間差負怒病」とあらわすことが出来る。称して「窮鼠病《キューソ》」。追いつめられて、何をしでかすかわからないというヤツだ。自閉症が併発すると「玉ネギ病」になる。これは東北人に典型的にありがちな北方型。ガマン強くないやつはなかなかなりにくい。

戦後の農地改革を解放と間違えて、ラッキョを玉ネギとカン違いした、そのツケが回ってきたんだよ、今ごろ。ラッキョは漬け物、玉ネギはシチュー、サラダ。借金は山積みなのだ。

暗い、重い、しょっぱい（塩カライ）。これが間違ったツケ物が残した三大後遺症。腎臓が悪くなるのは仕方ないとしても、血圧にも決して良くない（東北は日本で一番脳いっ血の多い地方だ)。

しかし、典型的な風土は、典型的な行為を生み出してくる。それを「出稼ぎ」と呼んでいる。稼ぎに出てくるのではない、出ないと稼げないのだ。それだけ東北は貧しい。だから冬は、東京は東北になる。そして今では一年中、冬なのだ。

北に帰れなくなった人たちは、次は北から何が来るか、誰が来るかそればかりを待っている。田舎では子供がオトウチャンを待っている(家族の崩壊はブルジョワ階級と貧農階級で同時に起こる)。

そこで「スターリンはやって来ました」これではドサ回りである。「スターリンは行ってきます」これでは出征である。しかし坂上田村麻呂【註:歴史を勉強しましょう】じゃないのだ。ターゲットは東京なのである。スターリンはしょせん芸能なのだ。オレは現代の出雲阿国【註:いずものおくに。歴史を勉強しましょう】なのだ。「平凡」は、つまらないという合言葉、「明星」は、明るすぎて恥しいという合言葉。「スターリンが来た!」というのは何の合言葉? ここは日本なんだ。アジアは広い。東北は寒い。高天原は遠い。黄泉の国は暗い。ホメイニはどこだ! 眠くなった!

オヤスミナサイ……。

＊

再び今晩ハー、スターリンです。

東北地方では今、新幹線が開通し、今年の夏はまさに「みちのくブーム」の様相を呈し、全国の若者は先を争って旅行にやって来ようとしております。ごらん下さい。始発駅・大宮は混雑しています。まるでこれは侵略に出かける兵隊です。はたして現代版エゾ征伐は可能でしょうか。とにかくワンサと東北に若者が集まったところを、中性子爆弾でピカッと一発。さぞすっきり人間が少なくなることでしょう。不謹慎ではありません。腹いせです。タタリです（タタラ【註：歴史を勉強しょう】ではありません）。

幻の故郷は消えた方がいいのです。上野駅は忘れられようとしているのです。啄木は泣いております。彼も実は、慢性的玉ネギ病だったのです。が、極度のマザコンだったため、三歩も歩けなかったのは残念です。

オレは極度のファザコンなのです。だから意地でもここに居すわろうと思うのです。どうせ東北は東京なのです。スターリンはオカミなのです。

讃美歌その1　マレビトこぞりて、主は来ませり——

高校生のとき、当時「フォークの神様」といわれた神父の息子、岡林信康が、たまたま福島にやってきた。「チューリップのアップリケ」とか、あの「今日の仕事は辛かった……」のあの人である。

彼は当時、部落差別問題にこだわってた人で、ステージでこんなことを言っていた。「東北には部落差別がほとんどないようですが、まあ、東北自体が日本の部落みたいなもんですから……云々」と。

いいい、部落みたいなもんじゃなく、明らかに、東北は部落だったのだ。風土丸ごとのいわれある差別。そう、東北は日本じゃないのだ。植民地だったのである。日本人というのは被支配の象徴、飼いならされた、ごほうびである。

日の丸の旗は、実は日の本の国【註：大和に対して日の本の国といった】、「蝦夷」が使っていた旗印なのである（大和の印は菊だった）。

完ペキな支配が完了したとき、日の丸はいつのまにか日本の旗というふうにすり替っていた。

手に入れたら共同幻想をかっぱらえ。これは日本的政治の移り変りのいつものパターンであると、あのえらい人は言っていたかどうか。

子供の頃のオレは国技スモウに熱中していた。当時はなんていっても柏鵬時代。柏戸は山形出身、大鵬は北海道。この二大植民地の横綱の決勝にいつも手に汗をにぎっていた。

剛直、押し出し一本の柏戸、投げ技の大鵬、それをながめる天皇陛下。千秋楽は歴史の構図ではないか。そして東北と北海道は今「出稼ぎ」の横綱である。そして芸能の宝庫である。貧しさの宝庫である。オレはロックの出雲阿国である。スターリンはそのウンコである。クサイのである。

しかし東京では下水道が手ごわいのだ。すぐ流されてしまう。いやがおうでもオレはペテン師にならなければならない。ウソこそ唯一の真実である。

これではまさに宗教ではないか。スターリンは永久革命化の悲哀などみじんもないのだ。しかしこうも広まってくると、単なるネズミ講のネズミになりつつあるという危険性はないのか。死ぬまでコンクリートをかじって、歯を磨いてるだけではないだろうか……と。しかし、時間はもっと残酷である。

気弱な人間達は次々と玉ネギ病にかかるのである。

居直るためには涙が要る……。泣くためには玉ネギが要る。泣いたフリしているうちはまだかわいい。死んだふりして、ゴロッと寝っころがるとは、人間はよっぽど退屈になったんだろうね。三歳のガキだってそんなウソ通じやしねえ。熊なら通じるんだろうか【註：クマはソ連の象徴である】。反核も反核祭も反核迷も反核謎も反核命も、遊んだフリだけはしないでほしいものでーす。誠実だったら少しは救いがあるんでざんしょ。「アナーキー」にも五分の魂とやらがあるらしいから……ハイ。

善良市民、極楽トンボ、短小早漏、Y・M・O、永久科学者の悲哀、盆栽いじり、イーノのハゲ頭、おまえのカアチャン出べそ。世界の果てまで小便しに行くな！ これはオレの合言葉。だんだん自分でも何がいいたいのかわかんなくなってきた。しかし、東京の下水道が海に通じてるという赤テントみたいなロマンチックな幻想はもうウンザリだ。海に通じてようと、屎尿処理場できれいにこされようと、居残る臭いものにはかならずフタがされるのだ。ナベのフタをたたき壊せなかった武蔵【註：塚原卜伝は武蔵の木刀に対して、ナベのフタで構えた】はいくら人を殺しても、しょせん武士道にもなれなかったのだ。

下水道はネズミであふれそうだよ。そのうち「神」になるためではなく、今度は「普通」になるために、玉ネギ病の蔓延は、再び〝死のう団〟【註：昭和初期、死のう死のうといって皇居前で集団自殺をした】を出現させるであろう。狂気は正常に勝てっこないのさ。ネズミのように本能的に集団自殺を手に入れることができれば、原爆などは必要ないのだ。戦争は終る。死はいつもおまえたちのものだ。オレはおまえといっしょに死にたくない。

ホラ、ホラ、今度はおまえの番だ……。オレは東北出身だ。スターリンは宗教革命だ！　東北では決して減反の田んぼに、玉ネギはつくらないのだ。支離滅裂はオカマの掘りすぎなのだ。だから少しは頭がよくなりたい。これは凡人の願いだ。

オデッセイ・1985・キリシタン

丸尾末広は「隠れキリシタン」の末裔だそうだ。ぼくは、彼からその話を聞いたとき、あのマンガの持っているナゾがいっぺんに解けたような気がした。

彼のマンガはあまりにも知的な装飾が多いので、ついバタイユがどうのこうのと思いがちだけど、そんなのを全部とっぱらっても、残ってしまう。あの隠禁なグロテスクさは、いったいどこから来るんだろうと思っていたけど「隠れキリシタン」。おシヤカ様には、わかるはずがないのだ。

考えたら、現代日本人なんか、ほとんど、戦後さらけ出された「隠れキリシタン」みたいなもんである。ぼくらの脳ミソの右半分は完全に西洋化しているので、小さいくせに、ガチガチに硬くぼっ起するてめえの陰茎が、どこか恥しくってしようがないのだ。

童貞厠之介は、だから便所によみがえった天草四郎時貞である。もちろん、彼は包茎。彼は精液など信じないのだ。だから、清純な乙女には、黄金水（小便）をひっかける。ひっかけられた女は淫乱乙女に変身するのだ。「欲望」なんかどこか、ウソくさいヒューマニズムだ。彼は「欲望」を通りこして、「生理」そのものに「宗教」を持ち込もうとする。

ぼくは、以前おこった、「エホバの証人」の見殺し事件に少なからずショックともいえない感動を覚えてしまった一人だが、あれは、ヒューマニズムという現代の宗教にとっては、一つの「隠れキリシタン」なのだ。だから異常に血が騒ぐ。キンタマはどこか蒼ざめるのだ。ヒューマニズムがただのアマチュア・パフォーマンスでしかないのは誰でも知っている。つまり、お笑いにしかなり得ないのだ。

ぼくは、今度のシングル「オデッセイ・1985・SEX」のジャケット・イラストを丸尾くんに依頼した。出来あがってきた絵はスバラシイものだった。だが、偶然にも、その次の日、あの「ジャンボ・ジェット墜落事故」が起こったのだ。ところが、その前日にすでに出来上がっていた丸尾くんの描いた絵の右半分には、縄で縛られたセーラー服の中学生の女の子の後ろで、大型飛行機が空中爆発をおこしている絵が描かれていたのだ。彼はこのジャンボの事故を予期していたのだろうか。

ぼくはその後のニュースで、奇跡的にも助かった川上慶子ちゃんを見るたびに、丸尾くんの描いた絵とダブッてしようがなかった。

レコード会社は、このジャケットはヤバイということになって、無理矢理、その右半分を削り取ることになってしまったが、あわれなのは残された半分である。左半分では、ミチロウが片目をひきちぎられるように飛び出して、びっくりしている顔が残されているのだ。

あわてて、修正を決めた、レコード会社の滑けいさもさることながら、丸尾くんの持っている嗅覚の不気味さに今さらながら感心してしまったのは、ぼくだけではない。

この間、丸尾くんと会ったとき、彼はしきりに、西ドイツから入手したという、死体解剖のビデオの話をしていた。まるで人間の肉体が、生ゴムで出来ているみたいに、メスを入れると、その切り口が、パクッ、パクッと口を開くのだと、ただの偏執狂みたいにニヤッと笑って、おもしろそうに話をする彼に、ぼくは思わずゾクッとしてしまったのだ。

そう言えば、ぼくのキンタマを初めてマンガに描いてくれた平口広美氏も、戦前の警察が極秘に発行した、死体現場の写真集を大事に持っていた。どうしてぼくの好きなマンガ家は、死体をオモチャにしたがるんだろう（平口氏は「隠れキリシタン」というよりは現代の「親鸞」というところだが）。

水洗便所が完備してしまって、「約束の地」であるクソだめが次々とふたをされている現在、居場所を無くした現代の天草四郎、童貞厠之介は、どこに姿を隠すのか。「隠れキリシタン」の「隠しキンタマ」。彼がもしカラーのマンガを描き始めたら、その絵からとび出す精液は、きっと真紅な色をしているに違いないのだが。

「クレムリン通信」オヤスミナサーイ、アザラシ諸君!!

バイバイ。オレ、夏って大嫌いだもんね。クソ暑いと、人間のツラ見てるだけでイライラしてくんだから。自律神経がグニョグニョになって、平口広美の漫画になっちゃうよ、まったく。

実は昨日、その平口広美センセイのお宅へオジャマしたのです。「INGO!」の取材で。そしたら、いきなり「死体現場写真集」(非売品)なんか見せられちゃって、何インタビューすんだか、全部忘れちゃったもんね。オレッて実はデリケートなんよ。ギョーザみたいにパックパックと口のあいたやつなんか見たら、白黒だったからまだよかったけれど、アレ、カラーだったらやっぱり肉食うの少しヤメヨーかな、なんて思ってしまいそうでした。でもしっかりと、帰りにハンバーグ食ったけど……。「INGO!」No.2にはその平口センセイが登場します。

ところで巷のウワサ!「スターリンは解散!したのでは!?」——本当かよ!

本当ならオレは実にウレシイ。あのクサレバンド、さっさとくたばっちまえ！　と密かに願ってるんだから。何しろ、出発当時からスターリンは「自己憎悪」のバンドなのだ。何が腹立つって、テメエほど腹の立つものはない。そうだろう！　そこらのポンポコバンドがどれもこれも、ただのセンズリバンドでしかないのに比べると「自己憎悪」だ、と自分にラク印押したスターリンは非常に正直なのだよ。正直ついでにたび重なるメンバーチェンジ。仕方ありませんな。来るものは選ばれるけど、去るものは引き止めず。これがバンドの原則なんだから。来るもの拒まず、なんてカッコイイことといったら、ネェ、ボク淋しいんです……なんて猫野郎がウジャウジャやってくるに決ってる。そんなの知らねぇよ。テメエでテメエの始末出来ねえんなら、出来ねえ同士で仲よくやればいい。バンドつくるのなんて簡単だよ。ホラ、ギター持って、ホラ、タイコたたいて！　4人集まりましたか？　では頑張って下さい。

残念ながら、スターリンは解散しません。アタシゃ執念深いんだからね。陰険といわれようが、独断といわれようが、アホと言われようが、マゾと言われようが、知ったことじゃございません。願わくば、スターリンが早く無用の長物になることを夢みて日夜はげんでる次第です。何を？　……何だろう⁉︎

というところで、又、股、メンバー募集です。今まで来たデモ・テープ、ろくなのがないからな。ちったぁまともなこと、いやいや、ちったぁ、にくらしいほどステキな演奏のできるヤツはいないのか！　全パートだ。それから、シンタロウくんは、自分のバンドをつくってそのうち、新しい活動を始めます。ヨ・ロ・シ・ク！

1981年５月21日新宿ロフトにて　撮影　地引雄一

1981年５月21日ロフトにて　撮影　地引雄一

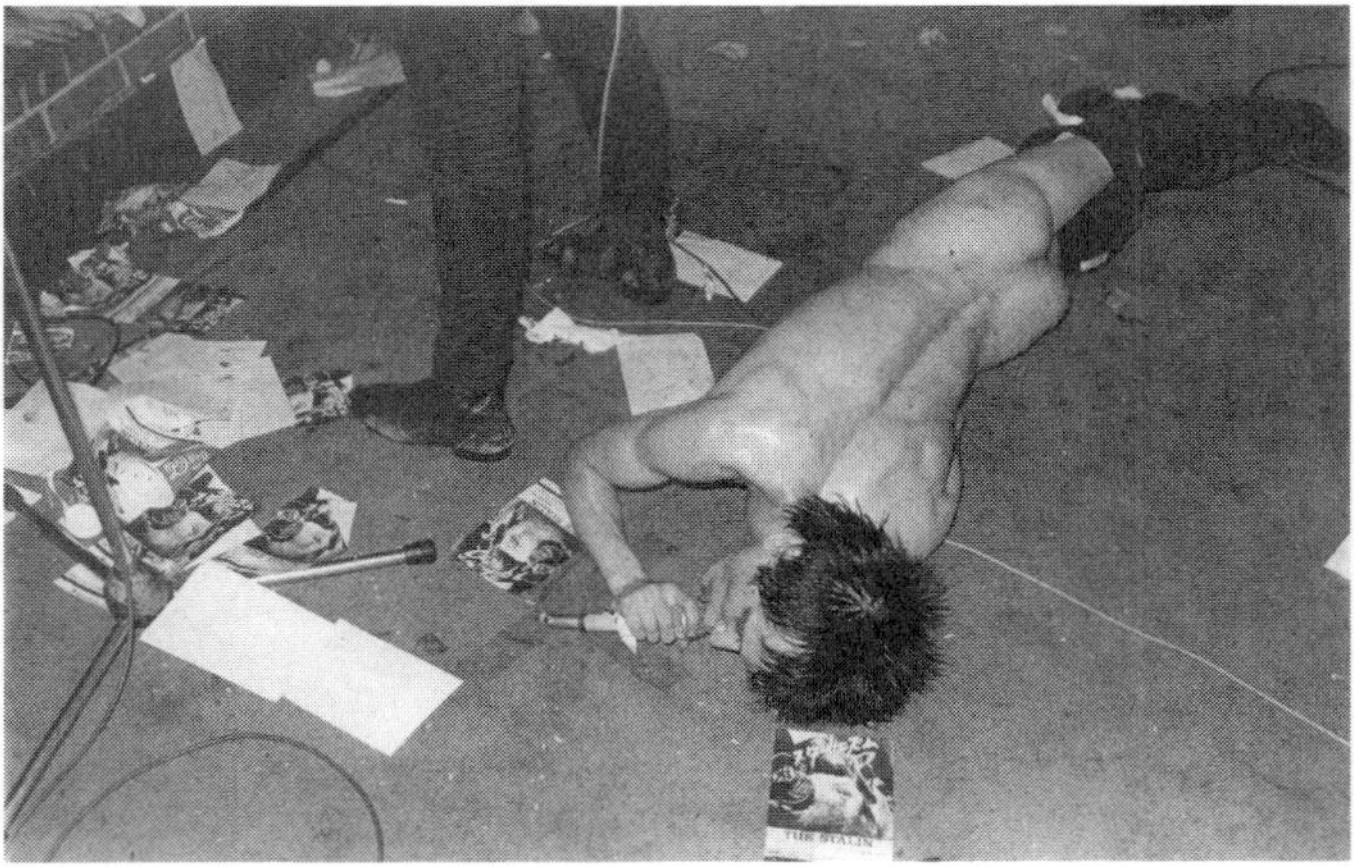

1981年８月27日ロフトにて　撮影　地引雄一

第2章【1980-1985】

「嫌ダッと言っても愛してやるさ!」

今さら飛び発とうとは、決っして思わない。
今さら逃げようとは、決っして思わない。

レコ倫

自主製作でレコードをつくって販売してきたときは、バカバカしいと思うようなことが、いつもつきまとって頭を悩ました。しかし、又、メジャーから出せば出したで、今度は別な意味でアホらしいことが腐るほどあるのは、やっぱり仕方のないことだろうか。

その一番いい例が「レコ倫」だ。表現の自由などというのはしょせん絵にかいたモチだから、その味がうまいかまずいか語ってもしょうがない。が、うらみ骨ずい、今にみてろと思うのはオレだけじゃないだろう。

LP『ストップ・ジャップ』を出すにあたって、スターリンも、この「レコ倫」にはずいぶんといじめられた。

小学生の作文の添削じゃあるまいし、だれがハイそうですかと素直に手直しするもんか。

健全な青少年や善良市民社会に悪影響を及ぼす云々、とはたいそうごりっぱな意見だが、そんなことはまるっきりウソっぱちだというのは、ちょっとまともなやつなら、誰でも知っている。そこらの色気ちがいの教育ババアとまるっきり同じレベルなんだよ、あれは。

しかし、オレだって、メジャーから出すためには、レコ倫を受け入れなければならないというのは知っている。仕方なしに。

しかし、実際どれほどそれがバカバカしいものかということは、今回はほんとうによくわかりました。ハイ！

まあ、こちらの読みが甘かったといえば甘かったのだが、何と「レコ倫」がチェックするのは、ワイセツ、差別、政治ばかりではないのだ。不潔さ、残酷さ、病気なども、その対象になっているとはおそれいった。

別にオレは、「きんたま」とか、「おまんこ」「びっこ」とか「チンバ」とかを声を大にして歌うためにうたってるわけじゃないから、その手のコトバなどは消されようがたいしたことではない。

たとえば「狂う」ということば。勘が狂うといっても、納豆に狂っても、勉強に狂っても、とにかく「狂う」ということばは許されないのだ。何でだろ？　いったい誰の頭が狂っているのかわかったものじゃない。おまけにスターリン・シフトというぐらい、はなから目のカタキにされてるみたいに他のバンドや歌い手には許されてもスターリンには許さないというのがごまんとある。そのいい例が「殺す」だ。杉良太郎には許されて、スターリンにはダメなのだ。それから「偏執狂」。確かルースターズのレコードにはそういう歌詞が堂々とのっていたのに、スターリンだとペケなのだ。その判断基準がいったいどうなっているのか、オレも一度、レコ倫の審査員とやらになってみたいもんだ。

一番おかしかったのが「裁判官は狂い出す」というのだ。神聖なものを侮辱しているということでダメになった。そんなら、もっとおちょくってやれということで、「裁判官は正直だ」としたら、これが通ってしまった。今どき、裁判官が正直だと思ってるやつなんかいるのか不思議でしょうがない、まったく。

それから「短小早漏」。これはケチをつけられたら、それこそ曲の意味自体が全然なくなるというのにペケ。審査員に短小コンプレックスの奴がいたとしか思えない。直しようがないから涙をのんで「修正不能」という歌詞におきかえた。もうマンガだね、こうなると。

まだまだある。「腐った肉までむさぼり食らうよ」がきたならしいということでペケ。「両目をつぶした生贄だ」があまりにも残酷ということでペケ。

きたなくて、残酷なのは誰なんだよ、いったい。

一番わけがわかんなかったのが「近親憎悪」。ねえ、何でこれが残酷だかわかりますか？「近親相姦」がダメっていうなら、やっぱりねと想像もつくが「憎悪」も許さないっていうんだから、字が読めなかったとしか思えないというか「近親」ときたら「相姦」しかないときめてかかっているとしか考えられないね。そんなに「近親相姦」が好きなのかねぇー、あいつら。

まあ、枝葉末節、ことばじりのあげあしとりみたいな内容なので、書いてる方がいいかげんアホらしくなってくるが、正直なところ、今度は「スターリン」というバンドの名前まで許さないとでも言ってきそうでたまらない。やりかねないね、あいつらなら。

しかし「レコ倫」がレコードの内容をチェックするといいながら、その実、歌詞のチェックだけに終始しているというのも不思議なものである。まだ、音がチェックされたというのはあまりきいたことがない。あのフレーズはワイセツだからだめだ、とか、あのドラムの音は残酷だからだめだとか、あのピアノの音は差別だから許せないとか。まあ、そこまでチェックするようになったら「レコ倫」も敵ながら相当なものだとふんどしをしめてかからねばならないだろう。

ところで、レコード産業が不況だ、レコードが売れないという大きな原因に、「レコ倫」があるということに気づいていいんのかね、あいつら。

しかもあれは、レコード各社の寄り合いによる自主規制システムだっていうんだから、アホらしい。

自分の首を絞めてりゃ、世話ないよ、まったく。

DISCOMMUNICATION FOR FUTURE!

セックス・ピストルズが政治的であったか、なかったか、P・I・Lがパンクかそうでなくなったか、そんなことは大して問題じゃないのだ。「God Save the Queen」でジョニー・ロットンが、“No future, for you”とうたったその一言で、俺は充分すぎるほどピストルズの存在を認めてしまう。あとはあの声と音とリズム。“You”とはいったい誰なんだ。Queen であって Queen でない、おまえであっておまえじゃない、俺であって俺でない、とにかく未来なんてないのだから……。俺はここでニヒリスティックに感動してるんだろうか。冗談じゃない。どんな状況を見渡してもあたりまえのことを、あたりまえに言われて納得しているだけなのだ。「Holidays in the Sun」でベルリンの壁が厳然とつっ立っているのは、何も自由主義世界と社会主義世界の境が必要だからじゃない。どっちに転んだって大して変わりばえのしない絶望的な世界で、その見えない壁の中に、見えない未来を押し隠したままつっ立っているということ。誰がのぞいたんだ、その中を……。ピストルズやP・I・Lにまつわるいろんな話が乱れ飛ぶ。奴らのスキャンダラスな事件と言動。そして神話がデッチ上げられ、そして又新たな事実が暴露されたといって神話は壊されたと云々……。マスコミの饒舌は選挙の宣伝カーよりもせわしなく押し寄せ、そして待ってはくれない。ピストルズがスキャンダラスなのか、マスコミがスキャンダラスなのか、いいかげんにしろ!! だ。Never Mind the Bollocus!! それで充分だ。

ピストルズは何も信じない、すべてのことに対してNoと言う。宗教も政治もそしてコミュニケーションに対しても……。だいたい奴らの怒りや不満や苛立ちが、俺達のそれを代弁してる、俺達も共に叫ばなくては、パンクは生き方だ……とか、くっちゃべってるのは、とんだ頓馬野郎だ。銃口はおまえにだって向けられているんだから、そう自分自身にも向けられているように。――そして銃口は火を吹いた。ピストルズ自身に、そしてそれをとりまくゴキブリ連中に。ピストルズが空中分解して、しばらくの沈黙のあとジョニー・ロットン（ライドンだって！）がP・I・Lをつくっていったのは痛いほどよくわかる、俺の思い込みだとしても。結局本当にわかっていたのは彼一人だったのかも知れない（死んでしまったシド・ビシャウスはある意味で幸せだ、My Way）。発売されたP・I・Lの一枚目の『THEME』は象徴的だ。“I will survive-I just died"奴はストイックなんだろうか……いや懸命に突き放してるのさ、少々醜態をさらしながら——。何を——。こんなふくれ上った独占社会じゃ、どんどん俺達はバラバラに切りはなされ、失うものも失いつくしてのっぺらぼう。それとは反面、マスコミの発達・情報の過剰によって何かを表現しようとしたとたん、いやがうえでも沢山の人々と強制的にコミュニケートさせられてしまう。安易に信じたらそれこそ簡単に足をすくわれてしまう。こちらの間の極度の矛盾、そんな社会の中にいて、俺達がそれぞれ提示できるのは、(ロックであっても何であってもいい)ディスコミュニケーションなのだ。そう、つながり得ないことの提示、現在的意味。そこからしか何も始まらない。コミュニケーションはおしゃべり好きなマスコミ野郎や現実逃避の極楽トンボにまかせておけばいい。俺達は何も手をつながなくたって生きてるんだから、死んでるのと同じように。

P・I・Lのセカンド『メタルボックス』を聴くと、より一層深みにはまったようなジョニーのうめきが響いてくる。Never Never Never……と。そして、より宗教的なものに対するこだわりから逃れられない感じをうける。その場をみつけたのかも知れない。それでいいんだ。否定的な意志を持ち続けることにしか存在理由はないんだから。うまくやるやつはうまくやられるに決ってる。

岩壁のストリート・ファイティングマン

どこにいっても俺は
突撃の行進をする足音を聴く
今は夏だから
夏になると道路では戦いが起きるのさ

だけど貧乏な男に何が出来るというんだ
ロックンロールのバンドで唄う以外に
活気のないロンドンの街にゃ
ストリート・ファイティングマンの
場所なんてないのさ

おい、そろそろ
宮殿革命を起こしてもいい頃じゃないのか
だけど結局ゲームはみな
妥協案が出て終っちまうのさ
俺の名は〝騒動〟
俺はどなって叫んで〝王〟を殺すだろうよ
そして奴の召使い全部を
ののしるだろうよ

オレは今、まったくクソ暑い真夏の夜、高円寺の安アパートの一室で『ストリート・ファイティングマン』（編注・作詞作曲 ジャガー＝リチャーズ）を聴いている。べとつく汗、無風状態、やり場のない不眠症、ホントにまあクソッたれめ!! なかなかピッタシだよ。「レボル～～～ション」が頭の中でグルグル回ってる。何が革命だっ!! このカスカスに乾いたストーンズの革命ソング（?）を初めて聴いたのは確か、一九六九年。時期が時期だけに騒然とした世の中、正義感あふれる前向き少年だったオレは自己否定の権化になって、革命の可能性とロックの可能性を一体に信じられた幸福な時代だった。「オレの名は〝騒動〟……」この決定的なフレーズは、サウンドの単調さがかえって扇情的にあおりたてるせいか、思い込みをますます倍化した。そうだ、何もかもぶち壊さなくては……。このときすでに、スターリン・ミチロウの下地は出来上がっていたのだ。しかしこの「ストリート・ファイティングマン」と実はあの麻薬的な「悪魔を憐れむ歌」が表裏一体となってストーンズがある、ということに気づいてはいなかった。まあその話はここではいい。

ところでオレは、このうたの〝ロンドン〟を〝東京〟にすり替えてみる。そして〝宮殿〟を〝民主々義〟に、〝王〟を〝天皇〟にすり替えてみる。そして秘そかに〝ストーンズ〟を〝スターリン〟に……。東京、民主々義、天皇、と結ばれるこの三角地帯でスターリンはいったい何者なんだ。一九八一年現在、そして一九六九年、過去⁉一ダース分の歳月の流れの中で全てが変って、何も変っていないという近代の末期症状が如実に存在している。〝騒動〟は〝想像〟の中に閉じ込められたまま、頭の裏では市街戦が残骸となって風化する。まるで実際の〝ストリート〟は鏡の牢獄だ。ただ「どこに行ってもオレは突撃の行進をする〝音楽〟を聴くだけだ」。それは敗北から反動への確実な転化の証明にすぎない。まったく、やってられねえよ、ホントに。頭がストーンズになったところで気分転換とラジオのスイッチを替えたら何とッ！　二葉百合子の『岸壁の母』が流れてきたではないか。マイッタネ。
母は来ま〜し〜た。今日も来た〜／この岸壁に今日も来〜た／と〜どかぬ願いと知〜りながら〜／もしや、もしや〜にひかされて〜

ああ、ナミダの母の愛。こすっても、けずっても消えない瞼の母。日本人ならオフクロの味、味噌汁の味なのです。確かガキの頃、橋幸夫出演の映画『番場の忠太郎』を見て感動のあまり思わず涙ぐんだミチロウくんとしては、二ダース分も歳月が逆もどしになって脊髄がズンズン、チンポがダラー、非常に妙な気分なのだ。オレは今、「ストリート・ファイティングマン」について書いてるとこなんだぜ。タクアンなんて食いたくねえよ。この極端さはどうしてくれるんだよ。「呼んで下さい拝みます／海山千里というけれど／何で遠かろ母と子に……」「オレの名は〝騒動〟／どなって叫んで〝王〟を殺すだろうよ」。そうなのだ。この隔絶した遠さの中に実は日本の革命の問題が隠されているのだ。そう、革命的な〝うた〟の問題も、別に革命のことをうたうことが革命的なら、何千回、何万回でも、お経のように「レボリューション」ととなえていればいいのだ、結局（わかっているのかな猟奇ハンターども）。しかし、そんなことがバカバカしいのは自明の理ですよね、大作さん。

ストリート・ファイティング以来一ダース、今や活気のない東京の街にはファイティングマンの場所なんてどこにも無い。活気のなかったロンドンの街はあちこちで暴動がおこってる。内閉化してしまったオレ達の〝ストリート〟にとっては『岸壁の母』が、ガンとしたリアリティーをもって立ちはだかっている。民族音楽もアバンギャルドもアルタネイティブも、しょせんあたってくだける水しぶきにならないで下さいよね。濡れているのは岩壁です、なんていうように……。夏になれば暴動がおこるのではなく、夏なんてずっとないんだ。いつだって暗い冬、出口なしで何千年立ち続けている岩壁の母を打ち砕ける〝うた〟が、日本で生きざるをえないオレの〝革命的〟うたなのだ。それだけは単に否定しただけではおさまりつかない問題なのです。ファザコン西洋の「ストリート・ファイティングマン」は日本じゃ通用しねんだよ。

ああ日の丸弁当。

「金をかけて売れた音楽＝良い音楽」この公式を引き裂きたい。

自主レーベル「ポリティカル・レコーズ」

日本のロックがどんどん世界に進出している、あるいは評価されたというマスコミの情報過剰。

たとえばＹＭＯがプラスティックスがフューがあるいは某がというように。そして知らないうちに自分がヘェーと思ってしまっているのに気づいたときいつも、まてよ!! となるのはマスコミ不信症になっているぼくだけじゃないだろう。マスコミ自体の宣伝文句はウソだと決めつけてかまわないが、海の向うの評価についてながめてみるとそのほとんどの内容が、西洋より西洋的だったとか、西洋が好事家的に関心を示すような日本的なものがあった、かのどちらかだ。それを抜け目なくミックスして日本は世界に進出しているのだ。植民地の出世物語じゃあるまいし、西洋人に何がわかるかとナショナリズムの感情を振り撒いても、ナショナルの内側に目を向ければそりゃもっとお寒い事情が横たわっている。じぶんもバンド（スターリン）をやっているから身にしみて感じるが、だいたいバンドをやってもメシが食えない。食えてるところにはロクなのがいない。圧倒的に優位に立っているレコード会社の好き放題に事は進んでいる。

まあレコードを作って売るのに多大な金がかかるのが一番の原因だろうが、そのほとんどが売るために費されているのが実際だ。それなら自分でつくればいいというわけで、割と単純にスターリンは自主レーベル「ポリティカル」をつくった。よく言われる音質が問題なら、あまりそれが問題にならないとこに関してでもやらなきゃ、なしくずし的にレコード会社の思い上りになすすべもなく嘆いているだけだ。「いいものは売れる」なんていうのは半分は絶対ウソなのだ。売れたからいいものなのだ。すべて結果でしか判断されない世の中なんだから。

イギリスやアメリカでは自主レーベルの活動が盛んだ、というのはそれだけの基盤があるからなんだろうが、そんなものは何もない日本で自主制作というロマンチックな話だけで作ったら、作ったのはいいが後でドッサリと部屋にはレコードだらけということになりかねない。道楽でつくるほど余裕があるわけじゃないから、とにかく、作ることは売ることだというのを前提にした。レコードの持っている物神性をいくらかでもぶち壊したいし、広がりを未知の領域に拡大するには、資本家の論理じゃないが安く沢山ということが問題になってくる。そこでソノシートということになった。千枚つくっても、一枚二百円で売れば充分費用が回収できるし、押し売りもし易い。実際発売してから、三ヶ月で九割近く捌けたのには作った自分らがびっくりしたぐらいだ。

ところでおもしろいことにレコード制作は、塩ビにしろソノシートにしろ千枚を境に値段が極端に違う。千枚以上になってくると、一枚あたりの単価が加速度的に安くつくのは制作にタッチしてからわかったことだが、とにかく安くするためにはまず千枚の壁を越えなければいけない。そして作ったら売らなければいけない。売るためには有形無形の他人の協力が非常にありがたい。その協力にぼくらは中身で応えるしかない。つまり自主制作が意義のあること、あるいは自立したことといっても、しょせんは売って捌くしかないのだから、一番の問題は中身なんだ。出発点は、いろんな制約から出来る限り離れて、思うままにつくりたいということにあった。そしてそこに又帰っていくことではじめて、自主制作レコード、自主レーベルの本当の問題点がはっきりしてくると思う。

ぼくらの表現するものが、沢山金がなければいいものはつくれないものだったら、別に自主製作でつくる必要なんて何もないし、自主レーベルがミュージシャンの経済的基盤を確保することが可能か、つまりもうけて食えるかということになれば又、別の問題が展開されることになる。レコード会社だって、自主制作を産業予備軍のカタログぐらいにしか考えてないんだろうから、触手を伸ばしてきたら食わしてやることは別に悪いことじゃない。おいしいものには毒があるんだということをたっぷり知らしてやるためにも。しかし、どちらからレコードを出そうが自主制作の方がつまんなかったら何の意味もないということははっきりしているんだ。

ところで最初の話にもどるが、バンドが大手からレコードを出すときの関係と、世界に受け入れられるためにミュージシャンが知らないあいだに媚びている、あるいは全然本質とはずれたところでしか評価されないというのはよく似ている。多国籍的なのは欧米の方だが、国籍不明なのは日本の方だ（スターリンは無国籍でしかない）。日本的という臭いことばからポン引き根性や毛唐コンプレックスみたいのを全部ひっぺがしたとき、そこに現れるのはとてつもなくみすぼらしいものだが、その裏には、ぼくもあなたもない限りなくやさしく残酷な親和感が付着している。音から感じる危機感みたいなのは文明国日本では西洋とかなり共時的なのかも知れないが、土台がかんせん全然違う。頭でっかちの分裂症は精神病院でがんばるよりも母を訪ねて三千里ってなことになりかねない。オカアチャンの大嫌いなぼくはオトウチャンの被害妄想にヘキヘキしながらまずい料理を作っているんだろうか。というわけで音も言葉もなかなか信じれないところでスターリンはその関係妄想にグチョグチョになりながら被虐的に饒舌に、かつ騒々しくやっていこうとこだわっている。

割れた鏡の中から……——ジャックス論

その1
僕らは行ってしまうことも帰ってしまうことも許されないのだ

僕らは、ある一つの契機によって、それまで抱いていた漠然とした異和感に、はっきりと対象の手応えとそれとの自分との関係を、いやおうなしに感じさせられることがある。それと同時に反面、無邪気にも描いていたかすかな期待感が音を立てて崩れていくことに出くわす。見えたと思った瞬間のよろこびは、救われないという失望と手をたずさえて、あるいは表裏の矛盾としてしかやって来ない。僕らは行ってしまうことも帰ってしまうことも許されないのだ。

一つの曲との出会いが、そのきっかけになることだってある。ジャックスは僕にとってそんな風にやって来た。ビートルズもストーンズも、僕にとってはそれほど体験的ではなく、ただわくわくさせるミーハー的な関心の的だったのが、ある夜突然、ジャックスの『からっぽの世界』がラジオから流れてきた。――「ぼく、オシになっちゃった、何にも話すことができない――、ぼく寒くなんかないよ、きみは空を飛んでいるんだもの――。ぼく死にたくなんかない、ちっとも濡れてないもの――。静かだなあ、何もない……」――新鮮な日本語の響きだった。空漠とした倦怠感そのもののような音に、ふるえながら沈み込んでいく早川義夫の声が、現実との葛藤でやりきれない気分でいっぱいだった僕の中に吸いとられるように染み込んできた。そして、LP「ジャックスの世界」を聴くに及んで『マリアンヌ』『割れた鏡の中から』『ラブ・ゼネレーション』――僕はギターが欲しかった。

久しぶりに、又このレコードを聴きながら、十年前ぐらい盛んに「日本語のロック‼」と言われていたことを思い出し、妙ななつかしさと今でも満たされない気持ちのある落差を感じないではいられない。「日本語のロック」といえば日本語を話す僕らにとっては、あたりまえじゃないかと思うが、当時はそんなものでなかった。いや今だって。つぎつぎに紹介される海外の新しい動きやサウンドにばかり、耳をそば立て、片や日本ではと目を落すと、その貧弱さと閉鎖性にたまらなくなってしまう。それは田舎から東京にやってきたものが、都会の華々しさに目を奪われているとき〝田舎〟をながめると何とヤボッたいと思うこととよく似ている。ましてや田舎が小東京の様相を帯びてきてる今では、東京には二重にも三重にも変質させられたノスタルジックな田舎が出現する。そのとき僕らは、あることに気づいていないのだ。自分の位相と亀裂に――。ジャックスはその亀裂から響いてきた。

「割れた鏡の中から、オレを捜し出すんだ、雑音なしのオレを、裸になったオレのオレを――」

　ところで、外国のうたを聴いて、いいなと感じたときは、日本のうたのときと少し違っている。言葉が残らないのである。少なくともある感覚を含んだ意味としては残らないのである。英語がペラペラ解かるわけでもないのだから。しかし僕らは、そんな言葉の無理解にもかかわらず感動する。そう、その音に、あるいは声に。インストルメンタルだって同じだ。それらには一つの保留がいるとしても。ところが日本語のうたの場合は意味が残るのである。聴いた瞬間あるいは思い浮べるとき、口ずさむとき、言葉の破片や断片がある意味をもってよぎる。だからステキな曲でも、うたわれてる言葉で失望したり、つまらないと感じる曲でも言葉によってひっかかりを持ってしまったりすることがあるのだ。

音楽が聴覚的な表現であることは決定的である。メディアが決定的である。メディアがレコードやテープに大きく依存してしまうし、それについての印象を語るとなると、相手が音だけに主観じみたものにならざるを得ないのは、ある程度しかたがない。感覚的な要素はどうしても無意識の中に沈澱してしまい、言葉で言い表そうとしても、困難ともどかしさを感じてしまうからだ。しかし、うたの場合、歌詞だけは違う。ある客観的な対象物として、記憶することも、書くことも、しゃべることも出来るのだ。だから日本語の歌と外国とのそれを聴いたときの言葉による感じ方の差異は、そこに帰着する。

英語のうたなりを、何を歌っているのか理解しようとすると、訳詞をまず読んだり、解ってる英語の知識の範囲で自分なりに勝手に決め込むとかしなければならない。しかし日本語なら、別に理解しようと思わなくても、習慣的なところで、あるいは無意識的に入り込んできてしまうこともありうる。言葉は歴史性と現存性のからみついたものとしてやってくるからだ。ましてや理解とは背景さえもついに飲み込んでしまうものだから事情は複雑な深みに入り込まざるを得ない。それは創る方の側に立つ事により一層はっきりしてくる。創るということは、聴いて感じることとは逆過程を自分の手でやらなければならないからだ。そのときはじめて、言いたいことがある、表現したいことがある、と思うことと、実際それをやることの間の問題の乖離に気づかざるを得ない。

ジャックスは僕にとって、具体的には自分もうたをつくって歌いたい、あるいはうたわざるを得ない、という契機としてやって来たし、今でも聴くたびにそう感じられる。

その2
今まで愛してくれた人間が、一番やっかいな敵となってあらわれるのだ

親の愛、兄弟の愛、教師の愛、愛の人生、愛の政治、愛の弁当……。ただでさえ〝愛〟の過剰にうんざりしている今日この頃に、新聞、雑誌、映画……。マス・メディアは愛、愛、愛で一杯だ。誰もが年がら年中、誠実に発情しているみたいだ。街を歩けば成熟した少年少女と若々しい老年老女が溢れ、〝若い大人〟が何かに乗り遅れまいと必死になっている。ふと見かけた映画の宣伝コピーは、〝愛は人類を救えるか〟だって。この大上段にかまえた一日一善、人類みな兄弟風の滑稽な響きは、斜陽

の映画産業の売り上げだって救えるかどうか。しかしこの手のコピーが、コピーの域をとび出して、〝愛は日本を救えるか〟と大まじめに取りざたされるのもそう遠いことじゃないのかも知れない。右翼ばかりか伝統の前衛革新政党日本共産党だってテレビで〝今は愛国心が大事だ〟なんてくっちゃべってる時代だ。よく首を洗っておこうじゃないか、非国民諸君!! しかし、ひっかき回され、こねくり回され手垢にまみれて死んだのは〝愛〟という言葉だけ。死語になった〝愛〟の裏でぼくたちの性的な人間関係は、肉欲的なフリーセックスと、観念的なナルシズムの両極端から二重に引き裂かれて、行き場を失ない、ぽっかりあいた空洞にとってつけたような新しい家族とやらを作り出す。生活の臭いのない現実、あるいは生活の臭いばかりのロマン、夢も現実も〝愛〟の死臭でベトベトになって窒息気味、乾いた風を欲しがっている。たとえそれがビルとビルの間に吹き降ろす埃っぽい突風でも気持ちのいいもんだと、やけくそになって。

僕らは何かをしはじめようと
生きてるふりをしたくないために
時には死んだふりをしてみせるのだ——

信じたいために親も恋人をも
すべてあらゆる大きなものを疑うのだ――
実はひとりになりたいゆえに
バカみたいにたくさんの人と話すのだ
僕らの言葉の奥には愛がいっぱいある

ジャックスが『ラブ・ゼネレーション』を歌った六〇年代末は、日本経済の高度成長が頂点に達し、ベトナム戦争のあおりでその矛盾が一勢に噴き出したときだ。政治的には七〇年安保でも実質は大学問題を中心にした、社会構造の矛盾のしわ寄せがあらわれたものだから、個人にとってはよりラジカル（根源的）な問題とならざるを得なかった。被害者意識から加害者意識への認識の転換、そして問われたのはこの社会を構成する生活そのもの、だから自己否定こそが唯一の論理、として問題は切開されようとした。生活そのものが矛盾の根底にあるならば、それを自ら否定しようとする行為は必ず、その生活空間（近親関係）に身近な敵をつくり出さざるを得ない。親、兄弟、夫（婦）、恋人……自分を今まで一番愛してくれた、育ててくれた人間が、一番やっかいな敵となってあらわれるのだ。何故ならその行為は彼らの生活の破壊につながるからだ。その時ぼくらは行き場のない近親憎悪と自己嫌悪に自らを引き千切られる。敵はずっと遠くにいるはずなのに。しかもぼくらは気づいていなかったのだ。自己否定自体に潜んでいた矛盾に。それは対象化された自己は疑うことも否定することも出来ても、肉体として生存している限り、否定を意志する自己そのものは否定しようがないし、あるいは人間としてはとっくに否定されたものでしか存在出来ないという、二重の矛盾を孕んでいたことだ。だから自己否定が社会的な存在として問われるとき、それは性的な自然関係と激しく対立するものだし、又それ自体は本来、閉じられた一対の男女間の性的関係の中での〈エロス＝死〉の行為そのものなのだ。それで性（家族）は秩序と個から挟み撃ちになって、その相対的矛盾を現実の人間関係の中にあらわにする。情況が圧倒的秩序の力の前に押しつぶされたとき、現実的にも観念的にもただそこに常に〈存在〉してしまっているものの別名にすぎない〈性〉は、〈自然〉と〈存在〉に引き裂かれ、あとはただ風化するだけと……ＰＥＡＣＥ＝ＬＯＶＥと花咲くわ、ニューファミリーと流行《はや》らすわ……。

ジャックスの『ラブ・ゼネレーション』は八〇年の現在から見れば、当時思った以上により大きなパラドックスを秘めていた。それは「僕らの言葉の奥には愛がいっぱいある……」の〝愛〟を〝憎悪〟ととり替えてみれば歴然とするだろう。愛としたのは早川義夫がよく言っていた〝うたは願いだ〟というその願いだったのかも知れない。奇しくも愛の不可能をうたってしまったのだ。〝愛〟はどんどん天プラになっていくのに残されたのは、否定することも肯定することも出来ない自己憎悪だけだ。

その3　捨てるものがあるうちは捨て切ってしまえ！

ジャックスはファースト・アルバム『ジャックスの世界』の後、セカンド『ジャックスの奇蹟』を出して解散してしまう。それは「奇蹟」というよりは「綱渡り」といった方がいいくらい危ういバランスで出来ていて、その後の解散を暗示している。A面とB面ではまるで「世界」が違うのだ。背中合わせになった顔の似つかぬシャム双生児のようにｏｔｈｅｒ ｓｉｄｅと早川ｓｉｄｅに別れているが、作為的というよりは仕方なくというくらい底流するものが異質だ。

考えてみれば、ファースト・アルバムはいろんな要素がちりばめられていた。その中でも特に、フリーっぽい音の中で一人たんたんと三拍子をサイドで刻みながら早川義夫がうたう「マリアンヌ」は、もう「奇蹟」の危うさをすでに臭わせていた。早川義夫は孤立していたのだ、出発の感性からすでに。それはバンドというものに対する考え方の違いにも表われる。バンドという小さな「社会」が共同で一つの表現をすることに対する認識のずれとでもいうか。

早川は知っていたに違いない、バンドの共同性の限界を。他のメンバーがそれぞれの個性の集積にレンガを積み上げるようなプラス、及びプラスαを考えていたとすれば、彼はそれ自体は単なる総和、あるいはぬり絵にしかすぎず、そこにバンドの可能性は見ていない。そんな取って付けたような代物は腐るほど溢れているじゃないか。だいたい本当にいっしょにやれることなんて何もないし、表現すること自体が孤絶した人間関係の産物でしかないのに、バンドという存在は矛盾ではないのか。早川はその矛盾に一つの負のエネルギーを感じていたのだ。バンドにおける個にとっての負性、つまり創り上げることが壊れていくことと同義になるアンビバレンス、そこには人間と自然あるいは個人と社会の本来的な疎外された関係さえダブってくる生き物みたいなものだ。

確かにアルバムのA面は進歩的だ、臭いほど。加藤和彦などセッションに加わっているし、新しく変わったつのだひろのドラムがえらい前向きなパワーを打ち出している。言葉の持つ象徴性におんぶしただけのような歌詞が一層平面的な色模様細工にs ｏｕｎｄをつくりあげている。それに比べてB面（早川がうたってる）は凹面世界だ。器にたっぷり入った液が揺れ動く度にピチャピチャとこぼれそうになる。器の中でぶつかり合った液が殺し合って出来た陰な平穏、それを一つ一つ繰り返す執着。ここで早川は決っして目新しい言葉は使っていない。花とか虫とか、悲しいとか、さらってとか、どちらかと言えば感傷的でしかない語彙を意識的に使っている。そしてそれらを遠心分離器にかけて取り出すようにうたい出す。そこでは言葉の器用ささえ否定してるみたいだ。捨てるものがあるうちは捨て切って本音しかうたいたくないとでも言いたげに。A面に一曲だけ早川がうたっている曲がある。「堕天使ロック」だ。それだけが急に落し穴に落ちたみたいにイントロなしで突然うたが始まる。

見つめる前に跳んでみようじゃないか
俺たちにできないこともできるさ
さあみんなでロカビリーを踊ろう
心は変りやすいけど
ほんとは何も変わっちゃないのさ
まわりだけがぐるぐるまわるのさ——

何も変わっちゃいない。変わったと思えるのも手を伸ばせば届くと思えるのもみんな幻想だ。それは十年近くたった今でも何ら変わりないし、楽天的な希望や救済のあとにやってくる安っぽい絶望、退廃、それは何度も繰り返す。跳ぶということは落ちるということだ。まわりがぐるぐる回って見えるというのは、実は自分一人だけがぐるぐる回っているんじゃないか。すべてを相対的にさらしてしまうようなこのうたが「奇蹟」の危うさをよく象徴している。たった二枚のアルバムで解散してしまったジャックスだったが、ないものねだりをするがごとく、これでもか、これでもかと人間の関係の中に糸口をみつけようとする早川義夫のうたに対する真正面な思いは、新しいとか古いとか、ロックとか歌謡曲とかいう時間がつくり出すからくりをのぞき越して今でも死んではいない。

その終り
これは目玉、これは口、これは骨、これは性器と
一つ一つ拾い上げながらピンで留めそれらをアルカリ液にひたし込む

ジャックス解散後の早川義夫のソロアルバム『かっこいいことは何てかっこ悪いんだろう』を初めて聴いたのはもう十年も前になるのに、あの溶け出した夜の記憶は今でも新鮮だ。ルー・リードの『ベルリン』やP・I・Lの『メタルボックス』のときも同じようにそれはあった。言葉と音がかもし出すインセスト。大地に露出した陰茎が白い幻想を撒き散らし、ぼくは透明な闇になってそれをペロペロなめているみたいだ。ここでぼくのナルシズムが形を失ない液化する。時代の閉塞を一人で背負って分解したジャックスの死体から、早川義夫はこれは目玉、これは口、これは骨、これは性器と一つ一つ拾い上げながらピンで留め、それらをアルカリ液にひたし込む。するとそれは一晩たてば沈殿した不透明な海になる。タイトルが示すパラドックスは意味の崩壊、いや溶解を臭わせる。早川はメビウスの海をつくり出してしまったのだ。

日本語がロックに出会ったとき、一つの強姦罪が成立した。罪の申し子はそこでの言葉と音の〈自由〉を獲得するために必然的に今まで持っていたうたの規範を放棄せねばならなかった。ジャックスがやったのはその放棄の過程だったのだが、そこではかならず土着的なもの、〈風土〉としての言葉の本質にぶつからざるを得ない。そしてその対象化が求められるのだ。どうしてもくぐり抜けねばならないトンネルのように。早川はジャックスの解散後それを一人でやり始めた。当然のことながら歌謡曲、わらべうたという童謡的ことば、リズムへと下降の自覚が始まる。彼はそのために表面的にロック的なもの〈楽器編成、8ビート、〝今〟をうたうこと〉をほとんど手放している。

東京という、〈風土〉自体が根なし草の街に育った早川にとって、ロックから離れてしかも自分のうたを救出するために、彼は肉体さえも観念的に内化するという屈折した方法を求めた。結局、具体的な歌謡曲もわらべうたも、後退と飛躍を同時に手に入れようとする彼にとっては、異質な憧れにすぎない。彼は歌詞のもつ意味を事実から直喩へ、直喩から暗喩へ、暗喩から空無へとすすめることによってその時間を遡った。うたの本質を個と個の関係（性の関係）に求めた早川が、言葉の両極が対位し、交差する世界で見つけたものは、子宮を逆に通り抜けた一つの彼岸だった。それはまるで肉体から抜け出した魂が脱け殻を見つめるのとは逆に、抜け出した魂を取り残された肉体がただただ目に映しているというように。言葉は光や水や空気になって物質化し、〝あなたとわたし〟は幻想の中で禁断化する。

アルバムではかなりの曲が三拍子でうたわれており、それをピアノ（あるいはギター）で1サイクル大きく二拍子風にゆっくり刻むことによって、下降する円環運動をつくり出す。本来、西洋的な三拍子に日本語をのせれば、頭の母音をひきのばすことによって思い入れを込め情感を表すというのが、大衆のナショナリズムが好むセンチメンタリズムの常套手段だが、彼は意識的にかどうかそれを尾っぽ、あるいは頭以外のところに多く持ってくることによって思い入れを沈黙化し、センチメンタルに流されずさらに深く沈殿させてしまう。とくにB面はうたわれている曲のどこを切りとっても、同じ切り口を見せる金太郎飴のようだ。それらはぼくらが心層の奥底で出会う、日本的な暗い恍惚とでも言おうか。

つれないあなた　もうお別れ。
弟を抱いた柳のとこへ
しだれ柳のもとへ
橋のたもとは露にぬれ
水はよどんで流れない
沈んでいったあなた
（「しだれ柳」）

言葉は物語的な仮構線の上で昇華され、意味から抜け落ちたよどみだけがスピーカーから流れてくる。しかし彼がとった屈折した方法でここまでくれば必然的に自己分裂をともなわざるを得ない。

観念化されない肉体を手放すことは出来ないからだ。センチメンタリズムをつき抜けて時間をはせ登った彼がとらえた暗い風土は、すべてを自然に回帰させることによって境界線を溶解させてしまうニヒリズムだったのだ。植物のように滅したいと。

くらくなった　あなたのいないこの
浜に　それでもともかく
帰ってきました
わたしの体は　砂にうもれてゆく
あなたとわたしはすばらしい空の上

（「埋葬」）

ぼくらはやっと出発点に立っただけなのだ。

公衆を犯す

「痴漢の手がムンズと女子大生の乳房をつかんだ。驚きと困惑で女子大生は声を発することもできなかった。痴漢の指は乳房だけでは飽き足らず股間にまでものびてきた。気持ちとは裏腹に秘所は敏感に感じ始めてきた。痴漢の指に執ようにいじくりまわされて秘所から愛液があふれ出てきた――」

この痴漢、実はボクだ。場所は西武池袋線の電車の中。しかも真昼間。とはいっても自販機エロ本のモデルとしてなのだが……。知り合いにその手の本の出版社の人間がいて、金欲しさ、興味本位で何度か、「欲情サラリーマン」や「プレーボーイ」や「家出娘を誘惑するチンピラ」になったりしたが、皆がうらやましがるほどいいもんじゃない。だいたいあれはニンジンを目の前にぶら下げられて走らされる馬みたいなもんです。始めたら最後まで行かないと気のすまないクチのボクとしては、撮影のどぎつさとは裏腹に、欲求不満が増大するばかり。あげくの果ては目の前にバーンとおっ広げられても何も感じない即成インポになるのがおちだ。粘土あそびじゃないんだから……まったく。仕事に対する意欲は相手の女のモデルの質というのにかなり左右されるのは、はなはだあたりまえだが、それとて結果は同じだ。信じられない方には一度おすすめする。ギャラが又、わびしい。女はちゃんとした「モデル料」として支払われるのに男は「御車代として」ということになる。モデル扱いじゃないのだ。しかも女の何分の一。これは男性差別ですよ、まったく。

しかし、この間やった「痴漢電車」これはおもしろかった。何故かって！　それは〝密室〟ではなく〝公衆〟だからだ。白昼堂々（？）と電車の中で行われたのである。露出狂気味のボク（ミュージシャンなんかみんなそうだ）としてはまるで街頭ギグの気分だ。

東京みたいな巨大都市ではいたるところが〝公衆〟である。ちなみにラブホテルやレンタル・ルームの密室産業が花ざかり。ボケーッとするにも喫茶店。金を払って一休みを買うのだ。こんな〝公衆〟だらけの生活空間の中では、いたるところに憎悪や嫌悪を感じながら毎日をすごさざるを得ない。その典型が電車だ。何しろ〝民衆の足〟だから。

ところでぼくは〝ラッシュ〟というのは別に嫌いじゃない。ギューギューのスシ詰め弁当、敵意とやりきれなさに満ち満ちていて、敗北しきった家畜でさえ腹立ちまぎれになるあの空間はなんとも言えないのだ。かわいい女子高校生の顔がゆがんだままハンバーグになる、洗濯したてのサラリーマンのワイシャツが汗でビショビショになる。朝からスタミナ定食をたらふく食わされたみたいで、車内全体が胃袋になり、汗臭い臭いの中にまみれてやっと〝人間〟になるんだ。つまり、とりすました〝公衆〟もへったくれもなくなるのだ。そんなときボクみたいな抑圧された人間は、どさくさにまぎれて解消行為をついやってしまうのだろうか（昔読んだ大江健三郎の『性的人間』は確かにステキだった）。

とにかくぼくらは〝痴漢をしに〟あるいは、〝痴漢されに〟西武池袋線に向った。不安と期待で足どりも速くなる。しかし撮影ということでラッシュ時ではなく、真昼間のすいてる時間帯だ。車内の客はまばらである。大学生、主婦、セールスマン、何の仕事をしているのかわからない人間、ボクらはキョロキョロしながら場所を捜した。別に公安室の許可をとってやるわけじゃないから、車内をいったり来たりする車掌や、ホームに着くたび目を配らせている駅員の目を盗んでのゲリラ行為である。しかし車内の客には、少ないだけあって遠くからも丸見え。二人のスタッフが〝壁〟なってもあまり役に立たない。とにかく決行だ。カメラマンの合図があるたびにボクは〝女子大生〟をさわりまくる。彼女はイヤそうな顔をする。又合図がある。今度は〝感じる〟顔をする。電車のすみでこそこそと、いや公然と。ほんの数十秒、あるいは数分のあいだにそれは行われるが、それが幾度となくだんだんエスカレートしていく。スポーツ新聞を片手にもって、おしりをさわる、胸もとに手をのばす、スカートをめくる、パンティをずり下げる……。客の中にはもろに気づいてチラチラ見る奴、嫌な顔して目をそむける奴、駅員が来たら何かいいつけそうな奴。しかし駅員にでも見つからないうちは続行なのだ。こうなってくるともう、痴漢なんて秘めやかなものじゃない。〝公衆の場を私有したSEX行為〟だ。「ここを何だと思っているんでしょう……」というようなイヤな顔をしている主婦はギュッと買物袋をにぎりしめている。みんなどんどん公衆然とした顔つきになっていく。しかしここではカメラ一台が武器、いや権力になっているのだ。〝撮影〟ということであたりは無理矢理了解させられてしまう。だからこれは一種の車内暴力だっ？ 被害者は乗客？ ヤクザだとでも思ったのかな。「車掌が来た！ それ！」っとトンズラを決める。そして別の電車でまたくり返す。延々七時間、〝痴漢〟は行なわれた。しかし何故か不満なのだ。ということで極めつけ。一番前の車両だ。目の前で運転手が一生懸命運転しているすぐ後ろのガラス越しに、ぼくらは〝痴漢〟をくり拡げた。チャックを下げ、モデルの女の子の下着をずり落ろし……運転手はそれに気づかずガンバッテいる。ぼくはそのときやっと、電車そのものに痴漢をした気分になった。

Ｐ・Ｉ・Ｌじゃないが、〝公衆〟なんていうのは一つの幻想だ。それでも徹底的にエゴイスティックに生きることなんて出来やしない。ある時は孤立した肉ダンゴ、ある時は無理矢理あるいは自発的に、パブリックになるのがぼくらだ。民主主義なんて、それをうまくあやつりながら〝満たさず、不足させず〟偽装するにはもってこいの〝男モデル〟だ。それでもこぼれ落ちる部分は、天地の極か自閉症か、公衆便所か、赤信号そのものになりきるか、そして気狂いになれない変態が続出する。あちこちがつつましやかに賑やかにねじれていく。ぼくだってそうだ。だからとりあえず、ステージの上ではブタにでもなろう。客がみなブタに見えてしょうがないから。

クソあるいはウンコ

昔は便所というのは、ほとんど汲み取り式でよくウジがわいていたものである。あの鼻につーんとくる臭いなどは、今ではなつかしいというほどになった。しかも、トイレットペーパーや、ティッシューなどというのがなかったから、新聞紙を小さく切って使ったものである。

生れたときからカラーテレビがあった世代にはわからないだろうが、まだ新聞というものが役に立つ一面があったという話だ。「ぢ」と「字」と「ウジ」というのは切っても切れない関係だったのである。痛かったのだよ、新聞紙は……。

しかし、所変わればなんとやらで、インドあたりでは手で拭くのがあたりまえだ。ところが、手で拭くというのは正確なところあたっていない。実は、水でふき飛ばすというのが正解なのだ。実際ぼくも向うの方を一年ぐらい旅行したから、よくわかる。

まずどんな安ホテルでもかならず一応水洗なのだ。そして小さな器がそなえつけてある。大仏さんの左手のように（そう左手でなければいけない）指をくっつけ少し丸め、そこに器でくんだ水をためて、肛門にめがけてボーンとぶちあてる。それを何度かくり返す。そして最後手を洗う。

はじけるウンコ、洗われる肛門、これ清潔。右手じゃいけないかって？　いけないのだ。右手は御飯を食べる聖なる手なのである。

しかし、ぼくははじめはそんなことは知らず、手でやるんですよといわれ、本当に手でぬぐいさってそのウンコのついた手を水で洗っていた。これには現地の人もおどろいて、そして、バカにされた。運がいいことに、ぼくはふつう紙で拭くときも、何故か左手でやっていたのでまだよかった。右手でいつも拭いていたやつは、もう、笑われるどころか、軽蔑されていた。

きみはどっちで拭いているのかな？

しかし、ぼくはセンズリは右手でしかできない。インド人は、センズリはどっちでやるのだろうか。

ところで、紙が貴重なところでは、いろいろな方法があるらしい。紙も水もない砂漠の人々は、石で拭くらしい。石が紙なのだ。中国などではロープにまたがって、こすりつけるのがふつうだったらしい。

日本だって急場の、野グソは、そのへんの草や木の葉っぱで拭くんだから、いろいろな方法があっても別におかしくはないのだ。たとえばブタになめさせるとか。

しかし、手で拭くのに慣れてしまったせいか、ぼくはそれ以来、清潔感というのが、ガラガラとくずれてしまった。今でもトイレに入って出したあと、紙がないのに気づいてもあわてたということはない。近ごろはどこでも水洗便所だからね……。

ぼくは名前がみちろうで、小さいころは愛称が「みっちゃん」だった。これは悲惨である。

そうなのだ。例のうたは、まるでぼくのためにあるみたいだったのだ。意地悪連中ははやしたてる。

みっちゃん、みちみち、ウンコたれて、紙がないので、手で拭いて、もったいないからなめちゃった……。

そのたびに、こんな名前をつけた親をうらんだ。しかし、今では、ぼくにとっての愛唱歌である。別にぼくは、無神論者だからって、無神経でもなんでもないのだが……。

全国の「みっちゃん」あまり気にするでないよ。カミなんてクソくらえ！　である。

動物メニュー〔密猟〕
小さいころ家では、犬やネコを飼ったことがない

でも、虫やヘビはよく殺した。

カエルはケツの穴に2B弾をぶち込んで空高く投げあげると、ドバーッ、まるで肉花火だ。ザリガニを釣るにも、カエルはエサだ。皮をひんむいて足をひもでしばって池の中にぶんなげると、ザリガニさんがニョキニョキだった。

アリもよく殺した。アリの巣に水を流し込むとプカプカ全滅である。油を流して火をつけると放火魔だ。

アリ地獄を飼って、地獄をつくらせアリを放り込むと……人生の悲哀ですね。

しかしぼくは、へ、、、、、ビより大きい動物を、この手で殺したおぼえはない。

ガキの頃は庭にさえヘビが出ることがたびたび。石の下にもぐろうとするのをペンチで、しっぽをはさんで、ひっぱり出すのは、なかなか容易ではない。しぶといのだ。

ヘビの口を両側にひっぱって引き裂くと、よくカエルとかが入っている。青大将クラスでは、ネズミが入っていることがある。シマヘビの卵を破ると、小っちゃな子供のヘビがウジャウジャはい出してきて、まるで精子のおばけみたいだった。

ヘビは神の使いだとか言われたけれど、神の使いは白いヘビで、シマヘビも青大将も神の使いのわけがないと子供心に考えていたから、よく、いじめた。

しかし、いつごろからかわからないが、突然、恐ろしくなったのだ。草ヤブや茂みには全然入れなくなってしまった。ヘビのじゅうたんを歩いて吐き気がした夢をみたこともある。何故ヘビがこわくなったかは、今でもわからない。しかし、そのころから自分の中にヘビを飼い出していたのは確かだ。マムシは人間の目に向かって飛びついてくる、ともよく言われた。とにかく、ヘビを見ていると人格をすいとられそうだ。

その点、ナメクジは、同じ手も足もないのに、優雅である。歩いたあとは虹色にキラキラうすく膜が光っている。

ナメクジっていったい何を食べているのかな?

家のコンクリートの土手のところにいつもゾロゾロはりついているので、それを割りばしで水の入ったアキカンに放り込んだのは、子供の仕事として、なかなか楽しいが、まるで意味のないことのような気がしてならなかった。

「ジライヤ」という忍者の映画があった。あれは恐怖の三角関係である。カエルはヘビを恐れ、ヘビはナメクジを恐れ、ナメクジはカエルを恐れるのだ。しかし、ヘビがナメクジを恐れるというのがよくわからない。ウロコが落ちて無いからか？

でも、ナメクジよりもっと優雅なのがいる。……ウジ虫だ。

御飯つぶをバラまいたみたいに、よく野ツボやくみとり式の便所にわいていた。あれは恐怖の32ビートだ。そしてあっという間にハエになる。ハエはハエ取り紙にくっついて、短い生涯を終る。魚屋の巨大なハエ取り紙には、銀蝿がウヨウヨしてた。今は近代化されて、ハエはみんな感電死だ。

あのハエ取り紙を頭にくっつけると非常にやっかいである。髪の毛がのりとハエの死がいでベトベトになってしまう。

ハエ用のゴキブリホイホイみたいなものなのだ。

それから、よくトカゲをつかまえた。奴らは、しっぽを切り捨てて逃げるのが得意で、とにかく、頭か腹をギュッとつかまえなければならない。死刑はいつも火あぶりだ。熱く焼いたあきカンの中に入れると、ギューッといって、ひんまがったまま硬直する。その顔はまるで、ドラックでパッパラパーになっていってしまったような顔をして死んでいる。

ペットにして家の中で飼うのはせいぜい金魚ぐらいだ。しかし、金魚は、あんなキラキラと軽薄そうな姿でも実に強いのだ。

フナなんていっしょに入れておくと、いじめられっぱなしで、まことに情けなく、田舎に帰りたいよーなどと泣いているのだ。しかし、人間には金魚もかなわない。ぼくはビンの中の金魚なのだ……？

昔はネコはネズミをつかまえるのが仕事で、今は、ゴキブリを追いまわすのが愛嬌だ。しかし、国道にはよく、トラックに引きつぶされたネコが、腹ワタを飛び出してころがっていた。ナムアミダブツ……。

ネコはたたるのだ。だからあまり好きになりたくない。はやくネコは人間にでもなった方がいい。

だがネズミは水攻めだ。ネズミとりを仕掛け、かかったネズミは、カゴごと水の中にブクブクと沈めると、あわれネズミの溺死体。

これを濡れネズミという。

あとは、何を殺したのか、書いていると次々に浮かんでキリがないので、このへんにしよう。

ただこの殺しかたを人間にすると、ギャク殺と言われるのは間違いないようである。

冷蔵庫人間

スターリンのうたに『冷蔵庫』というのがある。

冷蔵庫の中の中、開けてみたらば
ブタのキンタマ、牛のクソ
世界の便所
誰かが顔をしかめてる
冷蔵庫の中の中、開けてみたらば
腐りきれない生玉子
おまえの笑い
おまえのメクラ、おまえのドモリ
おまえのカタワ、おまえのチンバばかり

たわいもない歌詞だが、何とこれが予言的中。おかしくて、こわ〜い事件があった。独身の母親が生まれたばかりの子供を育てる気がなくて、殺して冷蔵庫に三ヶ月もほうり込んでいたという事件。

以前にコインロッカー・ベイビーというのが流行って、母性の欠落を良心的な大人たちが嘆いていたけど、まだ捨てて逃げてくるというのはずいぶんと涙をそそるカナシサがあった。

現代は「よみがえった楢山節考」の時代だ。間引きだ！　エリートだ！　子供は不幸なのだ。

しかし、冷蔵庫だぜ……。

カマキリは交尾したあとでオスを食べてしまうというし、ネズミは腹が減ると自分の生んだ子供を食べるという。人間もなかなかどうして……。

ひょっとしたら母親はいつか取り出してハムみたいにスライスして食おうとしたんではないかと考えてしまう。

フランスのバラバラ食事、〝新・愛の嵐〟の日本人留学生の方がドラマ・ドラマしている。

真実が大衆的だからね。現実は、末期的なのに。

でもこの冷蔵庫は毎日使ってたんだろうから、バターとか、ブタ肉とか、ニンジンとか、玉ネギとかが入っていたのに違いない。

たぶん、冷凍庫あたりで、冷凍食品、コロッケ、一口ハンバーグ、エビフライなどといっしょに入っていたのかな……!

よく間違って油であげてしまわなかったものです。

しかし、ぼくなんか、この赤ん坊を解凍したら、オギャーとかいって、又動き出すような気がしてならないのだ、フランケンシュタインみたいに。ドラキュラじゃ、ダメだ。東ヨーロッパはまだまだ夜なのだ。

冷蔵庫はいつも淋しいのだ。

そして、ハム・エッグの朝食も淋しいのだ。生まれきれない人間の肉と、腐りきれない玉子は、バターを敷かないとおいしくないのだ。ビンビンの肉が食いたいんだぜ! きっと。おかしかったら笑ってしまうオレは、きっと、脳障害なのだ。

子供が食いたい。これじゃあ、ロリコンの極致だ……!

弾圧的欲情の陰り

排便編

押さえつけられれば、押さえつけられるほど勃起するしかない悲しき大衆の空振りに、うたは一輪の花を投げることもできない。一つの時代さえ妊娠させることもできなかった、我、日本国人民の公衆便所はいつも落書きでいっぱいだ。㊥や反革命、幸せで悲惨な似顔絵にぼくのウンコは下痢気味だ。誰か、トイレットペーパーを水にひたしてくれよ。ヒリヒリして仕方ないんだ。インド人みたいに手でふけば一生ニヒリストで通すことも出来るが、カーストのない自由な国では、あんたはあんたでしかない。一個の肉体に追い詰められたら、〝たかがうた〟とも言っておれずにああだこうだと思案をめぐらせば、黄金色が黄金にでも変れるというんだろうか。腹が減ったよ!!　ならまだいい。出したくもないのに出そうでは、オチオチ眠ることもできまい。

新聞紙でクソを拭くような真似は誰かに任すとして、ぼくはお腹の調子が気になって仕方がないのだ。

豆電球の薄暗い明りの下で、古い雑誌をめくりながら、鼻をつくアンモニアの臭いの中で、用を済ませたあの秘めやかな快感はもはや、めったにめぐり会えない過去のものだが、こうこうと明りのついた洋式トイレで腰掛けたまま、コックをひねれば全て水に流してくれるシステムでは緑のウンコをしてでも楽しむほかはない。見てみろよ。プカプカ浮いた哀れな姿を。ゲボーッという音とともにこちらの心臓まで吸い込まれてしまいそうだ。昔、岡林信康が〝うたはウンコだ〟と言ったときはまさに前述のごとく、暗い情況が健康的な排便を保証してくれてると信じられた牧歌的な時代だった。が、洋式トイレの今日この頃はタイル張り、ピコレット付き、臭いのないあなたの個室、どうやらぼくらはそのうちトイレまで寝室にされそうだ。現にテレビ付きのだってあるそうなんだから。だからってウンコそのものがシュークリームになるわけじゃない。一見明るく健康的な雰囲気の中で、ますますみじめな姿をさらしている。

ところで、便所で一人でそっと食事をして、食堂でみんなで楽しく排便するという日常観念を逆さまにしたような映画を見た記憶があるが、ぼくはそれより、スマトラの農村で見た、便所の下がブタ小屋でそのブタを人間が、という完全循環の風景の方が楽しくなってしまう。汚いなんていう観念は文化の産物だから、人間はますます汚いものにとり囲まれながら美しいものの中に自閉するしかない、と未来は展開するんだろうか。赤ん坊ははじめ、自分のしたウンコがおもしろくてしかたないらしく放っておくと本当に食べてしまうそうだ。そのとき初めてマズイと思うのか、ママが、汚い‼　と教育するのかは知らないが、うたをうたうのに一度ぐらいは赤ん坊なみに、自分のクソを食べてみるぐらいのことはして欲しいもんです。

ところで「他人のクソ見て我クソ見直せ」とは故人の言だが、ぼくは見直すたびにナルシズムとフェティシズムの極致に陥ってしまうので、極力他人のクソは見ないことにしている。が、ときたま「あなたのクソはおいしいですね」などと言われると、つい「実はここから出てきたんですよ」などとおっぴろげてサービスしてしまうくせがあるので、これは自重したい。しかし他人のクソを論じるのは相手の肛門まで首を突っ込んで、全身クソまみれになってフン闘する果敢なお方が一人ぐらいいてもいいんじゃないかなとは、ぼくだけの不満じゃないでしょう？　音楽評論家の皆さん。

なんか臭い臭いだけで終ってしまいそうだが、スターリンはクソをしながらでも粛清の名簿を手放さなかったというのだからえらいもんです。最後に、「愛欲人民」は乾燥ウンコ付きのレコードを発売したが、あれはソッキョウもアイキョウも同じだ、ということなのかは知らない。

フン‼ が最近にないヒットです。

疾病編

私も病気、あなたも病気、どこが悪いって‼ 教えて欲しい。自覚症状が無いんだ。

私の病気は玉ネギ畑
どこまで行っても玉ネギばかり
むいてもむいても玉ネギバランス
私のベットに白い花が咲く

（「玉ネギ畑」ザ・スターリン）

ここは腐りかけた死体の花咲く玉ネギ畑、死体はあくまで幾何的だ。腐るほどあるということの何てステキなことか。皆、同じでザマーミロとスカッとする。私も病気なんだろうか……。それにしても腐るほどあるやつが、本当に腐り出すというのはなかなかの快感。肛門的だ。そう、非生産に自信のないやつは表現なんてやめちまえばいいんだ。

私は決しておこらない。
どんなにいじめられようとも
どんなにバカにされようとも
告白ばかりで思い出せない
私は今からおまえを殺す。

自閉症が記憶喪失になるとすべてを抹殺したくなる。そう、なるべく手近の奴から。触覚殺人猟奇ハンター、金属バットのゲームセンター。血のりの付いたバットはまるで処女遭遇の肉弾戦。原始万才!!　キツネ憑き天国、あとのまつりはオカルト法則。やっぱりみんな病気だ。

私の病気は玉ネギ畑
自由気ままな死体をさらす

泣いても泣いても止まらない
私のベットに白いカビが出る

〝病気〟という言葉は美しい。敗北主義に浸れるから、日本人向きですよ。包帯みたいにまっ白で、ベトベトなめ合うのが大好き。同病相哀れみましょう。病気から生まれた連帯ほど前向きなのはない。ねえ、私の口は肛門の入り口ですか。いやいやただの受け口ですよ……。出っ歯気味のぼくは少々居づらいです。じゃあ玉ネギみたいに転がってなさい。

雨、風、陽照り、何も採れない
雨、風、ヒステリー、何も出来ない私の病気は玉ネギ畑
コルホーズの玉ネギ畑
コルホーズの玉ネギ畑

ああ、もう目の前がクラクラする。玉ネギが皆、肉ダンゴに見えてきた。おばあさんが川に洗濯に行ったら大きな玉ネギが、ドンブラコと流れてきた。家に帰ってひん

むいたら何も出てこなかった。泣けて泣けてしょうがなかったという話を知ってますか。一皮むけば宝物。伝統的に日本人は期待感だけで生きてるようなもんだ。ねえ、吹いてくれ、うたってくれ。「神風に吹かれて……」とか何とか。ディラン導師もまっ青だ。ところでぼくの病気は……。

自分がボーカルをやっていると、どうしても〝うた〟ということに関心がいってしまうが、だいたいどんなうたを聴いても、病気の原因のはっきりしている奴のうたはつまらない。みんな前向きに治そうと一生懸命だからだ。それさえ治れば、病気でなくなると期待してるから涙ぐましいほどである。ましてや治ったと錯覚している奴のはいただけない。押しつけがましいったらありゃしないんだから……。ぼくらは生きている（あるいは死んでいる）根拠が、先験的な事実性にのっかった患者のたわごとに収束されるはずもないし、誰が考えても正しいと思えそうな奴に、その事実性を近づけられれば、より、ウソだ、と疑ってかからなければならないのはぼくの病気なんだろうか。しかし、うたの主題や企図がどんなに積極的な素材や事実を提唱しようとも、それはうたのリアリティーを保証しはしないんだ。ましてや思想性など……。保障されていると勘違いしている奴の楽天性はかならず自分を裏切るにきまっている。しつじつまを合わせるのだけは得意そうだが、自分勝手に信じていただけにね……。しかし「事実」の連環や、つじつまの集積が何かあると思わせるのは、それを自分で選択した、というそのことだけで、ぼくらの根拠にわずかな、手ざわりを残すからだ。しかし、事実もつじつまも、負い目も勝ち目もぼくらをとり残していく。ぼくはそんなところに自分のすべてを解体させることはできない。「事実」なんてすべて体制の手の内にあるのだから。やつらはいくらでも繰り出している。そんなところで実践と認識が一体となってバカ騒ぎしている風景は、もうウンザリだ。

私の病気は玉ネギ畑
コルホーズの玉ネギ畑

そんなことより、確かな〝拒絶〟を感じさせる〝うた〟の方がぼくにはずっとリアリティーがある。最近は〝ニューウェーブ〟なんて全然関係ないところから出てきた、宮沢くんのうたがいい。

ぼくアタマが悪くて
出かけること出来ない

ぼくアタマが悪くて
見つけること出来ない
ぼくアタマが悪くて
見せられてもわからない
ぼくアタマが悪くて
感じること少い……

（「キリストは馬小屋で生まれた」宮沢正一）

革命的日常

労働・学習・生殖・睡眠・労働・学習・生殖・睡眠・生殖・労働・学習・労働・生殖・睡眠・全ての革命的変態諸君！　我々はドブの中に飯をブチ撒ける。食えないものを食いあさる欲望の中で、吐き捨てることも、あきらめることも、腐っていくことも許されてはいないのだ。おまえはいつまで気狂いピエロのふりをする。おまえの幸せは、みるみる萎えていく。今さら飛び発とうとは決っして思わない。どんどん老いさらばえていけ。そんなに情けない顔をするなよ。そんなに淋しそうな顔をするなよ。おまえといっしょに消え去ることも出来ない。世界は同時に崩れ落ちるさ。救いようのないのが、唯一の取り得だ。どうせウソだとわかっているさ。出口を壊しておまえに取りつき、黒く腐った血反吐になるのさ。言葉はデタラメ、おまえは墜落。言葉は生ゴミ、おまえの下水道。愛していたんだ、おまえの下水道。そうだよ、オレもペテン師。オレの体の中で、両目を潰した生け贄だ。自由、気ままな死体をさらす。手っ取り早くだましてしまえ。手っ取り早く終らしてしまえ。信じるものはなにもない。傷つくだけで能がない。骨のズイまでワイセツ。監禁されてもおっ立てる。食道をクソどもが逆流していくさ。ゴミ箱あさっても何も出ないよ。取れるものなら取ってみろ。
私は今から、おまえを殺す……

宮沢正一の〝うた〟

一時期流行ったネオ・サイケデリックにしても、ファッション雑誌をかざるニュー・ロマンチックにしても、共通するのはデカダンというよりは情緒的という形容がぴったりする精神的衰弱の一形体である。それを裏付けるように片や一方では、アフロリズムがどうのこうのと西欧文明の生理的衰弱による回帰願望がとりざたされている。何が新しいとか古いとか目まぐるしく変る〝風化現象〟は、ロック自体が完全に指標を失った証拠でもある。自分で首を絞めて死ねるなら、そんな喜劇的なことはないのだ。そして巷に虫のごとくパタパタと累積するアバンギャルド？　な死骸達。一陣の風に早く吹き飛ばされてしまった方がいい。

健康的な絶望と妄想的な自由の幻想は、日本のインテリゲンチャーの伝統らしいが、少なからず現実は絶望的に平等だということにほかならない。死んでいるのか、生きているのか、答えるのさえおこがましい毎日で、ぼくらは昼夜を問わず、つっ立ったまま眠っているのも知れない。夢……?　そんなものは誰かからかすめ盗ればいい。死ぬまで消費者であることに変りはないのだから。

誰がロックに何を期待しようがしまいがぼくには、とんと関係のないことだが、少なくとも〝うた〟(ロックに限ったことじゃない)がいったい何ものなんだということに真面目になるのは決っして悪いことじゃない。〝生きざまだ〟なんて人生訓たれてごまかしていると、そのうち〝うた〟自身からシッペ返しを喰らうだろう。ところでうたを発する自我に対する盲目的信仰の中で、うたはアバンギャルドな音まで突っ走り、閉じられた日常感性の淵まで後退することもできる。しかし〝人間性〟という自我の自然性を疑うことだけはほとんどしないのだ。それは全てうたの中で音と言葉の関係に対する無自覚となってあらわれる。言葉にならないものを音であらわすんだという、沈黙に対する安易な代償行為は、言葉自体を発する土台そのものを無意識になし崩しにしながらいとも簡単に、又、言葉と野合する。言葉(音)を信じないというならそれはそれでいい。しかし、無関心であることとは全然違うのだ。少なくともその関係に対して悪戦苦闘のあとがはっきりとあらわれなければならない。宮沢正一ほどそれを、必然性を持ってうたっているうたい手はいない。

彼にとって〝うた〟は、生理が崩れ落ちる音、そのとき吐き出されるため息のような言葉、それらが両極に向って背理疾走するときの〝時間の虚構化〟なのだ。だから彼の言葉はうたの中ではじめて甦る。あたかも虚構化した言葉と音が、マイナスの時間をつぎつぎ生み出していくように。それらを支えるのは彼自身の自我に対する反自然性にほかならない。壊れることと生まれることが同時におこるほど過激なことはないのだ。そのとき虚構化された時間は彼自身のアドレッセンスにぶつからざるを得ない。まさに自分の肉体を皮膚の裏側から舐め回すように。それが生臭い意志であればあるほど、彼の〝こえ〟は消化液に溶かされまいと必死で逃げまわる。その性急さと、必死さと、あきらめが一体となったとき、ぼくは彼の溶け破れた皮膚の一部から頭を突っ込んでのぞき見たとたん、〝しまったっ！〟と思うのだ。

一人でしか出来ないこと（あたりまえすぎるほどあたりまえなのだが）を彼はやろうとしている。〝宮沢正一〟そのものなのだ。だからたった一人でステージに立つこと、ギターの機能を徹底的に変容させることは彼にとって方法ではなく手段にすぎない。

おいしいところは肉だ。腐り出すのも一番早い。ぼくらは肉を信じることはできないが、時間を意識する限り、それよりも体である限り、他人には皮膚を見せながら自分は骨だけを頼りに立っていなければならないときがある。そんなとき、宮沢正一の

〝うた〟は背スジの中から聴こえてくる。

ス・キ・ニ・ナ・ル
ノ・ハ
ヤ・メ・タ・ン・ダ

豚

昨日、豚肉をたらふく食った。豚肉、うますぎて、胃袋がブタになった。頭は天皇。
豚、豚、豚ブタ、ブタ、豚、豚、ブタ、ブタ、
ああ、又今日も豚肉が食いたい。豚肉のスキヤキを腹いっぱい!!
豚東高等学校卒業のブタは東大に入りたかったが、民青にだけはなりたくなかった。

差別ブタ、ブタの刺身、

平等ブタ、ブタの活造り

豚マンスターリンCommunistをなめるなよ。

昔々、あるところに年老いたブタがいた。オジイサン豚は山に芝刈りに、オバアサン豚は河に洗濯にいった。

ヘロイン中毒のブタはコーランが大嫌い。コーラは大好き。アラーの神のおぼしめしに、バカにするなと叫んだ。
ブタの性欲、ブタの食欲、情熱ブタから誠実ブタへ、
豚はナナハンにのりたかったが足が短くて免許がとれなかった。だから走る。ブタが走る。

逃げろ

ブタを犯してみませんか…

美しいブタと醜いブタには何の違いがあるんだろうか。ただただ二匹の豚。

住みよいまちづくりをすすめるブタのつどいのテーマは「コミュニティを考える」

ひとり暮しのブタに定期的に食事をつくってあげることによって、家庭的なふん囲気を味わってもらいたい。

燃える豚は月よう。燃えないブタは火よう。もったいないから食べちゃった。

街にピンクが目立ちます。でも、シックに趣味良く着こなしているブタは少ないようで…。

豚に玉ネギの代りはできません

しかし、どれほどレコードを聴いても、キグを見てもわからない。ブタの楽しさは経験するしかないようだ。偏見が頭をもたげる。無理して着飾る必要もなく、あるがままのブタになりたい。

豚にパンクを聴かせることは健康保険被扶養者認定基準に違反するのでくれぐれも御注意願います。

豚に一般常識は通用しません。

ROCK SONG PART.1

ROCKはぼくにとって、あくまで〝うた〟でありROCK SONGである。たとえばP・I・Lがどういう変化を見せようと、音的な変化よりもジョン・ライドンのうたの中に出てくる変化そのものに一番興味がある。なぜなら、ぼくにはP・I・Lの音が彼の言葉にすべてがより近づくために、あるいは抜きさしならぬ関係になるためにおこり得たこととしか思えないからだ。ここで言葉と言い切ってしまうのはいささか語弊があるが、それはうたとしての言葉、つまり肉声でなければならない。

以前から現代詩とうたの言葉は違うんだということが、ずっとぼくの頭の中にわだかまっていて、それがどういうことなのかというのが曲づくりやステージを通して実感としては感じるものの、いざどこがどう違うのかということを列挙しても、大した理由にはなっていない。音楽と文学は違うんだから今さら言葉がどうのこうの言っても始まらない、と言う奴は、音楽は言葉を越えた世界の共通語だというところで平和になっていればいいし、詩人気どりで歌詞集とか出す奴は、うたなんてやめちまえばいいんだ。

前にジャングルズの川田良と話をしたとき、良は「おまえは言葉を選ぶから詩人だ、オレは音を選ぶからミュージシャンだ」と言った。ぼくは自分を詩人だなんて思ったことは一度もないが、言葉を選ぶ、音を選ぶ、という意味がしごく明瞭で変に納得したことを覚えている。しかしあくまでうたの中でということなのだが……、はたしてぼくは言葉を選んでいるんだろうか。ダイヤモンドの原石を見つけ出して、カットして磨き上げるようにうたの言葉をひねり出してくるわけじゃない。もっと現実的なもののはずだ。よく「現代は詩が崩壊する時代だ」とか言われるが、崩壊するには理由があるはずだ。才能のある詩人がいないから詩がダメになってきたわけでもなんでもない。現代詩が入り込んだ袋小路と、〝うた〟が生み出してくる新しいエナジーの間には時代が映し出される現実がかならずある。

ところで、音にしろ言葉にしろ、それが一つの様式を生み出してくるとき、そこに一つの感性の秩序が見えてくる。その秩序は現実社会が持っている秩序に対しての本人が持っている意識の表れにすぎないらしい。だから、うたがぼくに、現代詩とうたの言葉は違うんだということを無意識のうちに問いかけてくることは、当然その言葉に対する発想の転換を強いてくる。この歌詞は音が無くてもすぐれた現代詩です、なんてほめられて喜んでいたってしょうがないのだ。映画の台詞をすぐれた現代詩と言われるぐらい的はずれな批評はないんだから。

では現代詩とうたの言葉は決定的にどこが違うかといったら、詩は文字の中で一つの完結をするのに、うたの言葉はあくまで音との関係の中でしか存在しないという、あまりにも当り前のことにすぎない。たとえ楽器を使わなくても、だ。しかしこの当り前の中に想像を絶する複雑さの壁があり、うたをうたう奴は必然的にその格闘を余儀なくされるのだ。つまり、演歌であれ、フォークであれ、ロックであれ、その言葉と音との関係に対する、意識的であれ無意識的であれ、発想の違いにそのうたの感性があらわれてくるのだ。

ところで、すべてが加速度的に変質していく現代においてその音のもっている感覚的な変容がどこに一番集中してくるかといったら、それはリズムだ。現代詩が限りなく言葉の覚醒を文字の中でまっとうしようとして、リズム（文字あるいは文の）とはどんどん遠いところへ行こうとするのに対して、うたの言葉はますますリズムと面をつき合わせて対峙する関係へとなだれ込んでくる。それは決っしてうまく言葉がリズムにのることとは違うのだ。じゃあどこが違うのか……。とにかくぼくにとってのR

ＯＣＫ　ＳＯＮＧは何なんだということを言葉の方からとらえなくてはならない時期に来ているみたいなのだから。

ROCK SONG PART.2 未知との遭遇——スターリン

スピルバーグの映画『未知との遭遇』は、西欧文明のヒューマニズムと科学に対する最後の期待に冷水をあびせた。それがちょうど娯楽として成り立っている度合に……。

人類みな兄弟のカベは、別に日本だけの話ではない。だから、笑ってすませたいものなのだが……。

ところで、この映画を見て、ぼくが一番ひっかかったのがあの「不思議なメロディー」だ。あの交信のメロディー、音に対するスピルバーグの考え方が、この映画のシリアスさと娯楽性を決定したとしか思われないのだ。いや、本質さえも……。

あれは実際ぼくらにとって「不思議」なのだろうか。それとも、どこかで聴いたことのある既聴体験なのだろうか?

とにかく、言葉を超えた、自己表出のかたまりみたいなものを象徴するあのメロディーは、全てを背負わされて登場する。それがインディアンの風習からヒントを得たのか、彼自身の何かの体験か知らないが、何からヒントを得ようと、アイデアが浮かぼうと、その役割を決定づけるスピルバーグの思惑を超えてメロディーは不思議に鳴り出した。

つまり、メロディーは共同幻想なのだ。しかも言葉を否定しながら神に逆もどりする。そしてそれは人間まで、個人まで突っ走る。そして個人まで突き抜けたその向うに、再び、言葉が返される。それは新しい神の出現？　いや幻想か？　そこで人々はジーンとするのだ。何故か対幻想は初めから壊されていたみたいに暗い。家族はすでに崩壊しているのだ。

汝の家族ぶっつぶせ……!?

という聖書的世界観が、原始キリスト教よりさらにシャーマニズム・アニミズムの共同幻想観を注入することによって、新しい宇宙観を獲得するという、あまりにも人間的なお話である。そしてそのドラマを、あの「不思議なメロディー」に象徴して、すべてを背負わせたのだ。

彼らの感じた自己表出は、「言葉」になったか……？　なってしまったのだ。なぜなら、宇宙人は姿を見せなければならなかったからか、現人神のように。いや違う。

あの宇宙人は自分達なのだ。つまり時間を跳び越えてやってきた自分達なのだ。メロディーは時間を浄化する。そして限りなく抒情的に響く。それは科学に対する信仰と背信の深さによって決定される。言葉と自然のみごとな合体があのメロディーの宇宙なのだ。

「未知との迎合」――彼らは、あのメロディーに恋をしてしまったのだ。次はきっとファンタジックな方向に進むに違いない。

ところでこの言葉と自然、つまり言葉と音のみごとな合体は素敵な「うた」なのだろうか。ずいぶんとここまでくるのに、長くなってしまったが、つまり、あの「不思議なメロディー」みたいのが、ぼくが考える「うた」の究極のすがたなのか、「うた」は共同幻想に対する期待のはてに聴こえてくるものか、というめんどくさいことになってしまうのだが……。

少なくとも、共同幻想のはてに「うた」がないのだけは確かなようである。あるのは共同幻想からこちらに吹いてくる、生臭いものばかりだ。それに吹き返す、白い息のようなものでしかないのだろう、ぼくの「うた」というのは。

ぼくらの手には、あの「不思議なメロディー」をズタズタに切りさく権利を持っているのだ。

まず第一に「不思議なメロディー」には言葉があったか？

いや、あったのではなく、なったのである。メロディーは不思議でなくなったときに言葉になったのだ。

そして言葉は神だったのである。なんというキリスト教観。そして言葉は友だったのである。なんというヒューマニズム。そして言葉は出会いと別れだったのである。なんという合理性。そして言葉は異和であると思っているぼくには、メロディーはこちのよいBGMでしかなかった。しかし西洋音階でとらえることができる交信のメロディー、というのがスピルバーグならではのことである。いやならでもかな。

第二に、「不思議なメロディー」は何故、不思議でなくなったか。

子供である。それは自然にかえるということではない。観念が子供になるということだ。つまりスピルバーグはここで、時間を逆もどりさせるのである。そうすることによって自分は父親を二重に追体験するのだ。父親を二重に体験するとはどういうことか。

「言葉」の分解と生成を同時に引き受けることである。二律背反の合理化による分裂症候群。進化論のおとしまえ。キリストと科学は「奇蹟」というかたちで野合するのだ。センズリこいたらガキが出来てしまったのだ。ぼくは、スピルバーグのように「うた」あるいは「不思議なメロディー」はつくらないだろう。なぜなら、あれは形式でしかないからである。つまり、生と死の交換である儀式にまで行ければ、少なくとも全体像はつかめたのだ。映像は儀式にまでたどりつこうとしていたのだから。しかし、「うた」は儀式を求め出したときは、すでに暗くなっている。なぜなら、時代の早さに追いつけなくなったせいか、時間を超えて観念になったせいかは、ニワトリの玉子でしかないからだ。

だが形式は記号である。記号はいつの時代にも絶対正義だ。だから一度は、徹底的にぶっ壊した方がいいのだ。エネルギーは時間だって！　クソッたれ。

エネルギーは時間なら、時間はあくまで負の時間でしかない。時は金なりじゃないのだ。時は罪。時は刑罰、時は懲役なのだ。とりまく時間はすべて逆もどりはしないからだ。ぼくらに出来ることは、時間を捨てて別の空間に移ることではない。時間を壊す作業を徹底的に自分のものにすることだけである。オリジナルなんて問題ではない。何を見たかである。革命的なうたはありえても、革命的な音なんてないのだ。あるのは「不思議なメロディー」ばかりだ。そしてぼくはまだ、「革命的なうた」は聴いたことがない。

ぼくは、自分のうたを考えるとき、第一に、負と負がぶつかるときのエネルギーみたいなものだと思っているのかもしれない。正になる前に0《ゼロ》になる。その瞬間にすべての負を投げ込むのだ。正とはとり残された死体だ。そして、ぼくらは好むと好まざるとにかかわらず、投げこみきれなかった負をかかえて正になってしまった、とり残された生き物でしかない。決っして先走った死体などではないのだ。先走るのは誰かさんの死んだ観念ばかりである。

ところでぼくは、「ROCK SONG PART.1」で音におけるリズムを重要だと言った。そしてうたにおける言葉とリズムの関係はますます対峙する関係になだれ込むと書いた。言葉とリズムを両極として、うたはいったいどこへ行こうとしているのか。メロディーはどうなのか。

•

たとえば、現代詩が、短歌、連歌、俳句、そして新体詩、口語自由詩と流れてきたように、ロックも、黒人霊歌、ブルース、ロックンロールそしてパンクと大きく流れてきている。それはどちらにしても、定型の変化をともなっている。いや、定型の変化が、いろいろな呼び名をつくってきたとも言える。

ぼくは何も、ロックンロールは最高だ、なんて少しも思ってない。又、ロックンロールは死んだ、とジョン・ライドンのように言ったところで、日本じゃロックンロールビートは全盛である。ただ、神話化された、その化けの皮を、よりリアルな形でうたを提示することによって剝いでいけばいいだけのことだ。定型は古い、非定型の前衛的、オルタナティブ的うたの方がすすんでいると考えるのは、単に先験的な知的差別にすぎない。

たとえば、ブルースとかロックンロールは、極端なことを言ったら、その定型のワクにはまっていれば、何をうたったところで様になってしまうという威力を持っている。つまりその威力が何なんだというのがわからないかぎり、ロックンロール最高！と叫びつづけていたかと思うとポイと演歌は日本人の心のふるさとだと言い移ることも出来る。そのパターンはいやという程見せつけられている。うんざりだ。

パンクなどと言ったら、ブルース、ロックンロールが短歌・連歌なら、さしずめ俳句みたいなもんである。決っして新体詩、口語自由詩などではない。スターリンだってそうである、基本的には。その意味で定型というものは徹底的に自分のうたにとってはリアルである。別にステキな俳句をつくりたいなどと思っているのではないのだ。パンクだと言われたら、その意味であたっていれば納得がいくし、決っして、歌詞が攻撃的だからとか、声がパワーがあるとか、音が性急だから、ステージが変態だからでもない。クソをぶちまけてパンクなのは、バキュームカーのおっさん達ぐらいだ。スターリンがやれば、嫌われものか、好きものでカタがつく。そんなのはあたりまえのことである。メッセージがあればパンクなら、労働歌は？　みんなパンクだ。

メッセージが自己主張なら、ホームルームにでもくれてやればいいんだ、パンクなぞ。百人百様、それで結構。その百様が結局、似たりよったりだと気付くまで、ピーチクパーチク歌い、くっちゃべれ。わめきちらせ。

パンクだ、パンクだと騒がれだしたころ、よくパンクはロックにおける言葉の復権だとか言われた。それはそうである。ただ、そのときの言葉というのを単に歌詞だと思っていたところに大きなズレがあったのだ。

では、歌詞でなく何だったんだろう。それは肉声である。ボーカリゼーションの復権だったのだ。演奏の中におけるボーカリゼーションの新しい関係の獲得、リズムとの対峙である。つまりその中で、言葉が肉声になるための新しい仮構線の水準が必要になってきたのである。ボーカリゼーションの新たな関係、言葉の新たな仮構線の水準とは。ただボーカリゼーションを文字にすることは、ぼくには不可能である。少なくともその関係性を抽象的に説明する以外にしようがないのだ。だからそれを再び「コトバ」と言おう。

つまり、コトバとリズムの対峙する関係性とは——。

前の方で、ぼくのうたは負と負がぶつかるエネルギーみたいなものだと言った。では、その負と負というのをコトバとリズムとしたらどうだろう。コトバにとっての負、コトバが負であるということは、コトバそのものがもっている意味が、指示性が崩壊することである。つまり社会性、共同性が解体しはじめるのだ。そしてコトバそのものがもっている音色、アクセント、音韻は自己表出の方へ分解し、韻律は、対峙するリズムと衝突する。では、リズムにとっての負、リズムが負であるということはどうなのか。そもそもリズムとは生活である。そして実生活における共同幻想が、実生活と逆立ちしていれば、いるほどそれは奴隷のリズムである。負の生活は沈黙をつくり出すのだ。単に早いか遅いか、こまかいか、大まかかというのは時間の問題だ。拍子は生活のもつ共同性つまり、土着性である。そしてアクセントがつくり出すビートは、本人が感じている時代性である。その関係の中である種の時間を必要とした負のリズムが、負のコトバと対峙するとき、崩壊したコトバの指示性がリズムのもつ負性の質、つまり土着性と時代性の関係性によって現実に引き込まれる。そして、そのとき衝突する、コトバ自体の韻律と負のリズムのその衝突の強さをコトバの自己表出が決定する。それが必要としたある種の時間の中で、負と負がぶつかると正になる、その交差する0《ゼロ》になる瞬間の中にすべての負を投げ込もうとする意志によって、うたのリアルさは決定される。おまけに僕らがしゃべる日本語は等拍拍子であるため、言葉が肉声のコトバになるための仮構線の水準は、歌詞のひきずっている現代詩歌的な仮構線からより虚構的にそして独特にならねばならない。

うたが、ある時期に宗教から離脱しはじめたとき、音楽としてのうたつまり芸能につき進み始めた。そしてそのうたのコトバの持つ共同幻想がますます崩壊するにつれて、リズムの持つ負性は強まるという相関関係がはっきりしてきた。メロディーは、コトバとリズムの対峙する関係に反映する負の抒情性である。そして時代を経るにしたがって、うたは紆余曲折、その時代の共同幻想と庶民の生活のはざまで揺れ動いてきたのだ。

戦後民主主義は、封建的な土壌の中で育ってきた？　日本の芸能を世界的な流れの中にさらしたのである。そのいい申し子が、日本でもやっと市民権を得てきたと言って騒がれるロックである。民主主義がまだ理想と現実の矛盾をあらわにしなかったとき、そのモデルであるアメリカで、ロックンロールは生まれた。

つまり、ヒューマニズムと近代合理主義が、がっちりとプチブル庶民の生活の幸福を保証しているとき、ロックンロールの持っている定型は、さらにそこに上昇可能となりつつあった黒人パワーを土台に充分にエネルギッシュたり得たのである。しかし、ベトナム戦争による神話の崩壊は、民主主義の矛盾を一気に吹き出させた。それとニューロックと呼ばれる新しいロックンロールの動きは切っても切れない関係にあった。ベトナム反戦、平和、という象徴的な名題は、民主主義に対する最後の幻想の悲痛な叫びだったのである。

そして、オイルショックによる世界的な不況と莫大なプア・ホワイトの出現、又、チェコの挫折、パリ五月、アフガン侵攻へと続く、現存する社会主義国家の共同幻想に対する幻滅は、ニューロックの持っていた、愛と平和、コミューンにあらわされるコトバの共同幻想を完全に破産させたのである。

そして、とうとうパンクの出現である。もはや、うたのコトバにおける共同幻想は、一つ一つの幻想をつぶしていくことによってかろうじて成り立つという、逆説的やけっぱちまで追いつめられてしまったのだ。

だが、現在それは行きつくところまで行ってしまった。ぼくらにはもはや、うたのコトバの指示性が共同幻想を持つことが出来ないところまで追いつめられてしまったのだ。

スピルバーグが「不思議なメロディー」に込めた共同幻想の思いは、うたのコトバにおける共同幻想の不在に原始キリスト教的宇宙をすりかえることによって、コトバとリズムの対峙する関係を保留したまま、科学とヒューマニズムに対する一糸の未練を「奇蹟」というかたちで野合、実現させたことによる娯楽性を獲得してしまったようだ。メロディーというかたちで突出させたのは象徴的である。

キリストの言葉は愛である。しかし、ぼくには愛は、対幻想の沈黙に対する不可能さの具現化という、せつない方向しか残されていないような気がする。

うたは、愛するための「ウソ」なのだ。

1981年6月5日松本にて　撮影　地引雄一

第3章【1983・7・20】対談　吉本隆明

「カルチャーの瓦礫の中で」

カルチャーの瓦礫の中で——対談　吉本隆明

（1983年7月20日）

絶叫すればするほど醒めていくところがある（遠藤）

吉本——日本には今、三〇〇ぐらいのロック・グループがあるそうなんですが、僕はそのうちのほんの少ししか見てないんで一般論として言うことはできないけれども、見た範囲での印象を言うと、どんなバンドでも、言葉（歌詞）で出しているものが結局はすべてに出てい るなっていう気がするんです。感覚とか質とか高さとかね。つまり、邪道かもしれないけど、言葉というところから注意してみていって「これはつまんねぇ言葉だ」とか「幼稚な言葉だ」とか「あんまり質が良くねぇな」って思えるバンドの場合、実際に見に行ったコンサートがよかったということはなかった。たとえば、あまりにもヒューマニズム臭い、ちょっと民青的だなと思える言葉があって、実際にそのバンドのコンサート会場に行ってみると、やっぱりちゃんと民青みたいな雰囲気が時々ハッと出て来たりするんですね。僕は、スターリンとRCサクセションは言葉として質が高いという印象を持ってたんですが、その質の高さがコンサートにもそのまま現れていたわけです。あなたたちの曲に〝マイザー〟っていうのがありますね。あれなんか、詩、つまり言葉だけで全部やっちゃってるという感じがするし、他の曲の言葉については、大なり小なり一種の省略法が行われていて、音が介在してはじめて成立するみたいな感じなんだけれども、それにもかかわらず雰囲気は言葉と同じだよっていう印象を受けたんですね。そこでちょっと聞きたいんですけど、あまりにも言葉通りになるのを避けるというか、つまり、絶叫することによって昇って行くとかノセていくとかっていうんじゃなく、逆にかなり抑制しながらやってるというところがあるんじゃないですか。

遠藤――そうですね。なんて言うか、絶叫すればするほど自分が醒めていくみたいなところはあります。絶叫しても、その絶叫の中に全部こめることはできない。だから、出せば出すほど残っていく。こぼれ落ちるものが自分の中に残っていく。そこのところで、客と自分をもう一回見なおすみたいなことが出てくるというか……。別の言い方をすれば、ステージの上で自分の吐いた言葉とか、言葉を吐いてる自分とかを、一回壊しちゃう。壊れたところで初めて客と対等になるみたいなね。だから、ステージ上では自分が解体することを無意識のうちに求めてるんじゃないかという気がするんですけどね。

吉本――なるほどね。あなたの詩っていうのは、何かをストレートに言ってる面と、一種の反語、つまりイロニーとか逆説で言ってる面と両方あるんですが、そのあたりは自分の中ではどういうメカニズムで両立してるんでしょうかね。

遠藤――歌詞でも自己幻想的なところと対幻想的なところと両方あって、対幻想的なところ吉本——"マイザー"っていう詩に関してはどうなんでしょう。を歌うときってどうしてもストレートになるし、自己幻想的なところはどうしてもイロニーになっちゃう。どうしてなんだっていうのは、ちょっとうまく言えないんですけど、歌うっていう行為は、基本的に対幻想だと思っているからじゃないでしょうか。

遠藤——あれは古い歌なんです。昔、バンドをやる前、一人で歌ってた時期があるんですけど、その頃の歌です。その頃は一人でフォークみたいに歌ってたものなんですね。だから、言葉だけですべて持っちゃってるみたいなところが強いんだと思います。

吉本——そうすると、あの歌は初期の詩ってことですね。それから、だんだん音を入れ始めていったんですか。

遠藤——歌は結局"声"だと思うんですけど、楽器の音も含めて、声っていう形にならなければ成立しない方向へ自分に持って来たというか、その時点で、歌詞として書いた言葉の意味が一回解体して、また構築される——そんな過程を踏んじゃう作り方をしてきたというか。

吉本——曲を作るときは、詩の方を先に作るわけですか。

遠藤——いえ、今はほとんど音が先なんです。それも、音を聞きながら言葉を思い浮かべんじゃなくて、何でもいいから音の中にババババッと入れちゃう。で、どっちかと言えば、音にノる言葉よりノらない言葉っていうか、リズムとぶつかってしまうみたいな言葉を見つけた時に、わりと歌になるんですよね。

吉本——じゃあ、自分の中に音と言葉を対峙させるようなところがあるわけですか。ただ、会場で聞くと音が大きくて言葉がわからないですね。わかんなくてもいいわけですか。

遠藤——最近、ちょっと変わってきたんです。以前だと、ライブハウスみたいな小さな所でやると、どうしても機械が貧弱で、アンプを使ってもドラムの生の音にさえ負けちゃうんですね。それなら声の質だけ出せばいいんだって思ってやってきたんですけど、だんだん広い会場になってくればくるほど、そして機械が良くなってくればくるほど、言葉は聴こえた方がいいんじゃないかって思うようになったんですけどね。

吉本——広い会場でやる場合、狭い所とはどういう風に違えてやるんですか。会場が広くなると、たとえば、唾なんか全然飛ばないでしょう（笑）。

遠藤——客との距離が遠いですからね。で、遠ければ遠いほど、言葉の持ってる抽象性みたいなものが実は必要になってくるというか。狭い所であれば、人がワァーッといて前の方しか見えないけど、全体の雰囲気とか、何だかわかんない声の質みたいなものがグワーッと皮膚にからみついてくるという、そういう皮膚感覚的なところでいっちゃうけど、広い所だとステージ全体が見えちゃうからどうしても視覚的になりますよね。だから、声が届くという感じになって時間のズレがはっきりしちゃう。だから聞く方も、ある意味で抽象性みたいなものが必要になってくるんじゃないかなって思ってるんですけど。

吉本——会場が広くなって客も多くなってくるにつれて、聞く側の方に形式的な部分が出てきはしないかと思うんですが、そこであなたたちがどういうやり方をするのか、どういう風に空間を満たすのかっていうところに興味があるんです。

遠藤――狭い所って、わりと一発目で決まっちゃうみたいなとこがあるんですよね。バーンと音を出したら、その雰囲気が最後まで持続しちゃうみたいな。だけど、広い所っていうのは、隙間が多いだけに全部埋まっていくまでに時間がかかるんですよね。つまり、狭い所なら最初にグワッとやればひっかき回せちゃうけど、広い所だと、お風呂の湯をひっかき回すように、ゆっくりでもいいからグォーッと大きくやらないと全体が充満しきれないっていうか、全体を動かす空気の動かし方を、ある程度大袈裟にしなきゃいけないってのはありますね。それと、押すだけじゃなくて、押したり引いたりしなきゃいけないですし。それに客の方もその隙間の分だけ自分の思い入れで埋めていこうとするんじゃないですか。

吉本――なるほどね。そういう中で、いわゆる〝技術〟っていうのは、どれくらいの比重を占めてるんですか。

遠藤――演奏やステージングの技術の比率は、僕らの場合、極端に低いと思いますね。そういう技術がなくてもやれるんだっていう変に開き直ったことを一生懸命考えてきたところがあって、これまでのようなちっちゃい会場だとそれがわりとうまくいってたんですけど、だんだん広い会場でやることが増えてくると、いわゆる技術とは別の〝もう一つの技術〟が必要なんだなって感じ始めてきたんですね。つまり演奏する側と客との関係をどうとらえているか、そしてそれをどう処理するかという技術のような気がするんですね。客が求めているモノというのは、表面的なところでは割とよく分かるんです。だから、たとえば巫女さんが、誰々の魂を呼び出してくださいって言われて、その魂が乗り移ったといってワーッとやる、そういうのと本質的には変わりがないんだなあって思いますね。客の持っているそういうものを僕らは引き受けざるを得ないっていうか、また、引き受けたところでステージに立っている自分が解体するっていうか。つまり、客が求めてるスターリン幻想と、実際にステージで見るスターリンとは絶対にズレが生じるはずだし、こっちもズレでしか応えられない。だから続けられるんだと思うんですよね。客がワーッと作り上げたスターリン幻想に、こっちがそのまま乗っちゃうと、結局そこで終わりじゃないかなっていう気がするんです。つまり客が自分でも気付いていないある部分にいきなり突っ込んでいきたいという願望はあります。

サブ・カルチャーには「何がどうなればいいんだ」ということが終始つきまとう（吉本）

吉本——演奏のモチーフと言いますか、つまり、演奏によって何がどうなればいいとするわけですか。

遠藤——一番難しい問題ですね。自分にもよくわからないっていうか、客との関係がとんでもないものになるというか、とんでもないものを生み出すんじゃないか……言葉にしきれないから毎回ステージに立つんだと思うんですけどね。

吉本——たとえば詩について考えてみると、結局これは、つづめて言っちゃえば自己救済というか自己慰安だよっていうふうなところに帰着するような気がするんです。その詩を読んで人が感動してくれたり、生き方を変えてくれたりっていうふうなことは、まあ、あまり詰めていかない段階ではそういう考え方が成り立つときもありますけど、どんどん詰めて行っちゃえば、これは自己慰安よ、自己救済よってところまで行っちゃう気がするんですね。でもあなたたちのエンターテイメントというかサブ・カルチャーには、何かのためにといいますか、当為っていいますか、あるいはモチーフというのでしょうか、それがあると思うんですよね。人を楽しませちゃうとか、人をこの場所からこの場所へ移せたらなあとか、何かの当為があって成り立ってるような気がするんですね。要するにサブ・カルチャーには「何がどうなればいいんだ」ということが、始めから終わりまでつきまとうんじゃないか。スターリンが興味深いと思えるのもそこのところなんですね。どういうふうに観客と相互解放をしていったらいいのか、非常にきわどい線をたどってるように見えるんですけどね。

遠藤——僕も、最初に歌い出した頃って、詩を書くのと同じつもりでやってたように思うんですね。歌を作ったりすることで自己救済なり自己表現をしようというつもりでやってたと思うんです。それが、だんだん何回もステージに立つうちに、たぶんそういうつなに何回もステージに立てるのかなって思い始めて……。詩と文学だったら一回書けばもう終わりですよね。何回も同じ詩を書くなんてことしませんよね。ところが歌の場合は、同じ歌を何回も何回もステージでやっちゃう。これは一体何だろうって考えたときに、バーンと芸能の本質みたいなものにぶつかっちゃったというか。で、どんどん考えてきて、結局、歌ってのは客がいなけりゃ成り立たないもんだっていうふうになったとき、やっぱりこれは一種の対幻想をやろうとしてるんじゃないかなっていうふうに思えてきたんですよね。だから、何回もステージに立てるってのは、ある意味では何回もセックスできるってことと変わらねえんじゃないか。セックスすることによって生まれるものって、せいぜい子供ができるぐらいのことでね（笑）。客はその一回一回のセックスのたびに満足すると……。

吉本——そうですか。文学の分野でそれと似たものをあげると、批評がそうですね。つまり、十年前に論じた作品を十年後にまた論じてみたりとかね。もっとも、同じ作品だからといっていつでも同じに論じてるのかといえばそうでもなくて、同じところもあるけど十年前とはちょっとニュアンスが違うぞ、ということはあります。それはピアニストの演奏でも同じで、同じ曲でも演奏するたびに違うってことで、自分の中では満足感があったりするんでしょうけどね。ただ、あなたたちなんかは、人との問題ですからね。そうすると、RCサクセションは楽しいセックスで、スターリンはあんまり楽しかねえセックスかな（笑）。

遠藤——僕らが出てきた頃、変態バンドとか言われたこともあるんですけど、意外と的を射てるんですよね。客に対して愛憎があるというか、ムチャクチャ犯したいという気持ちが先行するというか、尋常なセックスじゃないのかな？

吉本——いや、尋常ではあると思うんですけど、そのへんはとても興味深いですね。

遠藤——この前、何かで読んだんですけど、吉本さんは、カルチャーなんてもう解体しきっている、サブ・カルチャーは解体しきったところからしか出発できないんじゃないか、みたいなことをおっしゃってたんですが。

吉本――そうですね。サブ・カルチャーには、モチーフとか当為とかが必ずどこかにつきまとうからね。そこまでやんなくていいのにやっちゃう、というところがあるんですね。カルチャー、つまり知識とか文化・教養ってのは、民衆でもなければ大衆でもない。民衆や大衆からは浮いてしまう。そうかといって、支配者になっていくわけでもない。支配者のお役に立つことはあっても、支配者自体には絶対いきつかないんです。ところが、サブ・カルチャーっていうのは、やろうと思えば、そこまで行かなくてもいいのに、支配者そのものと激突しちゃうみたいなところまで行っちゃう面があるんですね。その衝動ってのは、とても不可解なんですが、いずれにせよ、カルチャーはある意味では危険じゃないけどサブ・カルチャーには相当危険な要素があるんじゃないか。そこのところで、スターリンの場合も、限界から限界までうまく空間が作れるかどうかという問題が一番最後までまとわりつくような気がするんですね。

遠藤――そうですね。そこまで行かない段階でも客を満足させることはできるんです。でも、それで終わってたらそれ以降は消えていくだけっていうか。だから、いつも、「そこまでやんなくてもいいのにやっちゃった」っていうのを続けて行くことで大きくなっちゃうっていうかね。つまり、サブ・カルチャーには同じレベルを持続するっていうのはあり得なくて、無くなっていくか、それ以上に大きくなっていくか、そのどちらかしかないんじゃないですかね。まあ、大きくなっていった先に何があるか、どこまで行き着くのかってのは、自分で体現してないからまだわかんないですけれども。

吉本——そうね。中間がないんですよね。だからグングン昇って行ってそれからどうするんだってことになったときに、あとは下るしかないのか、やっぱり昇りっぱなしなのか、それとも崖っぷちから落っこちちゃうのかね、いずれにせよ、芸術なんかのカルチャーにはない面白い特徴だと思いますね。その危険性が面白いわけですからね。カルチャーってのは、まあ、その境界の向こうにも何かあるんでしょうけど、しかし向こうのことを言ったって意味がないんだしね。境界が見えてきた以上、解体以外の何物でもないわけで、あとは解体の表現をしながら何ができるかってことしかないでしょうね。でも、サブ・カルチャーはそうじゃない。やりようによっては相当のところまで行けるという気がするんですね。

遠藤——ただ、江戸時代とか、まあ最近でもそうなんだろうけど、サブ・カルチャーってのは制度のない制度みたいな形であったわけでしょう。河原乞食の存在とか、あるいは親が芸能やってたから自分も世襲的に芸能をやるんだみたいなこととかね。ところが、その〝制度のない制度〟みたいなものの境目がだんだんわからなくなってきて、民主主義だ、みんな同じだってやられちゃうと、自分のやっていることがカルチャーなんだかサブ・カルチャーなんだかさっぱりわかんなくなっちゃうわけですよね。で、パーンと何かにぶつかったときにボロが出ちゃうっていうか。だから、やっぱり一回〝制度のない制度〟までぶつかってみることが必要なんじゃないかと思うんですね。そういう意味で言うと、いまサブ・カルチャーをやるっていうことは、すごく大変なことなんですね。

吉本——サブ・カルチャーは制度の中にめり込んでいますからね。やればやるほど、めり込むと思うんです。でも、めり込むこと自体はそんなに悪いことではないんで、むしろ必然的なことだと思いますね。だからこそ、サブ・カルチャーはカルチャーより主人公になる、制度にめり込んでるものの一番の主人公になる、というふうに思ってるんですよね。それをどう抑制しながらやっていくのか、あるいは突っ走りながらやるのか、そこのところのさまざまなニュアンスっていうか、意識せざる駆け引きと言いましょうか、そこがサブ・カルチャーの今後を決定していくと思うんですがね。

遠藤――サブ・カルチャーがカルチャー的なものを求めれば求めるほど、イロニーになっていくっていうのはしょうがないという気がするんですけど。

吉本――どうしようもないことですね。そこのところが、一番ポイントになりつつあるような気がしますね。

遠藤――で、結局、社会的な制度がボカされてくればくるほど、自分の中に制度を作らなきゃいけない。でも、自分の中に制度を作ってやろうとすると、自分の中に作った制度に対して自分はイロニーになってしまうという……。

吉本――そうですね。そういうことが一番の課題じゃないですかね。だから、あなたたちもさ、今、会場を貸してくれねえなんて言ってるけどさ、そのうち、ちゃんと許容した上で貸してくれるようになると思いますよ。

遠藤――ええ。たぶん、広い会場でやることが一見あたり前みたいになってくると思うんです。でも、だからといって、僕らのやってる本質が軟弱になってきたというんじゃなく、かえって本質に近づいてくるんじゃないかと思うんですよね。ダメなバンドを見てると、みんな、どんどんカルチャーへ行っちゃってるんですね。カルチャーに近づけば近づくほど、反核だとか言ってみたり……。それはダメなんですね。結局、歌ってのは対幻想みたいなところに本質があるんじゃないか。対幻想って、カルチャーの対極にあるものでしょう。それがあって初めてイロニーも成り立つって思うんですよね。

壊していって何が残れるか、その方が大事だと思いますね（吉本）

吉本――世間的な評価でいうと、今、スターリンというバンドは上り坂なんですか。

遠藤――外見ではわりとそうですね。ただ、それに付随して、ああ、だんだんダメになってきたとか、昔ほど過激じゃなくなったとかいう評価もあるんです。だけど、そういう外的な批評はクソみたいなもんですけど、僕自身の中では、出発時に考えていたことがそろそろ壁にぶち当ってるなって感じがものすごくありますね。それは、今回の全国ツアーでも感じたんですけど、ある意味でやり直さなきゃいけないなってとこに来たと思います。今までは非常に渾然として持って来れたものが、そろそろ限界にきたんじゃないか。たぶんそれは、自分の中でカルチャーとサブ・カルチャーをごちゃまぜにしてやってきたことから生じた壁じゃないかと思うんですね。だから、これまでは無意識にやってきたことを、もうちょっと意識化しなきゃいけないんじゃないかと思って、ここんとこ、サブ・カルチャーって一体何だってことをすごく考えるようになったんですけどね。それをやらないと、あるところで終わっちゃうというか、それこそ芸能界的な形になって行くしかないっていうか……。テレビに出たりラジオに出たりっていう外的な面では別に構わないんだけど、それとは別の、やってる本人がどう自覚してるかってところで、もう一回最初から納得してやりきりたいんですね。……でも、僕なんか、曲を作って歌ってりゃいいのに、何かに文章を書いたりしゃべったりしちゃうのは何故かなって考えると、要するに、もう書いたりしゃべったりしなくてもいい、もう歌うだけでいいんだというふうに持って行くために、どんどんしゃべったり書いたりしてるんじゃないかって気がするんですよね。

吉本——でも、ある意味では、そういうことが、演奏活動の補助手段っていうかな、そういうものになる要素はあるんじゃないでしょうかね。

遠藤——ええ、たぶん解体されていくってことは、自分のやってるサブ・カルチャーがサブ・カルチャー然としていく過程だと思うんです。

吉本——もちろん、中心が音なら自意識もみんな音だというところでやっていけるんでしょうけど、今の段階では、たとえば啓蒙的なおしゃべりとか文章で説明するとかいうことは、ある意味で補助手段としてやむを得ないっていう気がしますね。

遠藤——うーん。しかし、それはどうなんですかね。余計なものっていう気もするんですけど。

吉本——本来的にはそうなのかもしれないけど、ただ僕が見てて、カルチャーがあるからサブ・カルチャーがあるんだっていう時期はもう過ぎてて、サブ・カルチャーがそれ自体で自分の課題を追考していかなきゃならないっていうふうに、やっとこさ、いま本格的に到達したって思うんですね。そこでまあ、いろんな啓蒙的なことも必要になってくるでしょうし、さまざまな混乱を一つ一つさばいていかなきゃならないでしょうしね。そのためには、書いたりしゃべったりということも今のところはしょうがないんじゃないでしょうかね。

遠藤――日本の音楽の場合、まず演歌があって、そこへ向こうからロックが入ってきたわけですよね。まあ、その前にジャズがあったんですけども。で、ロックというのは民主主義の落とし子みたいなものだから、テレビなんかに出ちゃうと、何が演歌で何がロックなのかドオーッとなし崩し的にわかんなくなっちゃう。演歌といわれてる世界もどんどんロックみたいなものを取り入れてるし、ロックの方もそういう芸能界的世界に行くために演歌の要素をバンバン取り入れてってるし……。

吉本――そういう意味では、やっぱり、縦に沈んで行かなきゃならないみたいなことに、だんだんなってきたんじゃないですか。演歌だって沈んで行かなくちゃいけないし、まあ、沈むのか浮き上がるのかわかりませんけども……。以前、あなたが対談か何かでしゃべってられたように、ベトナム戦争の頃に出てきた反戦フォークみたいなもの、ああいう牧歌的な反体制ソングが今はもうだめになっちゃったでしょ。制度というか秩序というか権力というか、そういうものの網の目がすごく浸透してるから、ああいう牧歌的な脱体制とか反体制では通じなくなったんですね。そういう基盤の中で、あなたたちの音楽がかつての反戦フォークみたいな役割を同時に担わされてるんじゃないですかね。そういう事態にどうやって対応するのか、というところが気になるんですけれども。

遠藤――ロックの中でも、パンクっていうのが出てきましたよね。そのパンクとそれまで続いてきたロックとはどこが違うかっていうと、いま言われた問題に気づいているか気づいていないかの違いだって思ったんです。もちろん、気づいたあとどうなんだって言われると、また問題が出てくるんですけどね。気づいたあともっと閉鎖的になるか、もっと解体するか、そのどっちかしかないと思うんですよ。ベトナム戦争の頃の反体制的な共同体っていうか、共同幻想みたいなものがもうダメだということになると、じゃあ、あれよりもっと小さく先鋭的になればいいんじゃないかっていう方向がどうしても一方では出てくる。その一方では、いや、それよりももっともっと解体しなきゃいけないっていう方向も出てきて、結局、バラバラに二極分解しちゃうっていうか……。

吉本――そうですね。僕も必然的にそうなる気がします。僕は、凝縮っていうか凝固させるって考え方はダメなんじゃないかって思いますね。凝縮させて純化させようって考え方はダメじゃないか。そうじゃなくて、たぶん、壊しちゃった方がいいんじゃないか。壊して何が残れるかって方が大事だと思いますね。凝縮させる方向だと、どうしても言葉が反動になってしまいますからね。

遠藤――日本にロックが最初に出てきたとき、何が凄かったかっていうと、ものすごく貪欲だったということですよね。ちょうど経済の高度成長期にワーッと広がったわけですけど、それまでの演歌がこういう世界しか歌えない、こういう要素しか表現できないっていってたとき、向こうからロックが入ってきて、これもいいんだ、これもいいんだってスポンジみたいに何でもかんでも貪欲に吸収してっちゃった。それがロックがどんどん大きくなっていく要素だったんですけど、そのやり方が壁にぶち当っちゃったわけですよね。じゃあどうするかっていったら、吸収したものを固めようとすると絶対おかしくなるんで、あれもダメ、これもダメっていうふうに、逆に吐き出すことをやらなきゃいけないと思うんですよね。

吉本──本当に、そこの問題だけっていう気がしますね。あなたがたが、そこのところを的確にうまくやっていくかどうか大変興味深いですね。

遠藤──だから、ある意味では、表面的にはだんだん正体がわかんなくなってくるという気がしますけどね。つまり、最初のある時期はこれはパンクだってやってたんだけど、その思想的基盤の限界が見えてくると、確かにロックではあるんだろうけども、そのうちロックという形ではくくれないものになっていくんじゃないかって気がするんです。それが出てきたとき、初めて、西洋から入ってきたロックとは違う、日本独自のものが成り立つって思うんですけどね。で、もうそろそろ、向こうがどうなったっていいんだ、向こうで何が流行《はや》ってていようが関係なく、こっちはこっちで一つのものができていくんだってところにさしかかってるような気がするんです。

吉本──そうですか。それは文学の世界でもわりと実感できることですね。つまり、文学ってのは、今でも、ヨーロッパからでもアメリカからでも学ぶことはたくさんあるんですけど、みんな解体の表現ですから、何ていうか、火柱が細いんですよね。それなりに、ものすごく緻密になったり微細になったりってことはあるんですけども、少なくとも太い火柱が通るってのは不可能になってるんですよね。そういう意味で、ヨーロッパやアメリカから学んだら、それが肥料になったみたいなことはもうないんですよね。ただし、第三世界には昔の日本が持っていた文学の要素ってのがあるかもしれませんけどね。もう、ここまできちゃったらしょうがないっていうか、自分たちでやってくしかないんだなってところまでは、何となくきたような気がしますね。

遠藤――それにサブ・カルチャーの本質ってすごく風土的でしょう。だから、向こうはどうだっていいんだってところにきたとき、自分の風土って何なのかってことにぶつかるっていうか、そこに呑み込まれちゃうんじゃなくて、やっぱり風土と対決しなくちゃならないというかね。

吉本――それは実感で、文学でも同じことが言えるような気がしますね。

イロニーの詩になってるのは僅かにRCとスターリンの二つだけなんです（吉本）

編集部――吉本さんはスターリンの詩をどういうきっかけで取り上げられたんですか。

吉本――詩の世界で言いますと――人の名前を出すと目標が立てやすいんで――荒川洋治と

いう詩人がいるんですね。で、彼以降とそれ以前というのを考えると現代詩の世界が違うんです。まるで違うっていうぐらい違う。そこからの詩は僕らから見たら、「なんだ、これは！」っていうようなものなんです。僕らが詩を書こうとすると、前の年代の詩はこうで――明治時代はこういう新体詩があって、大正時代はどうであってとか、自分がそれを真似するにせよしないにせよ、どうしても言葉が伝統的な流れの中に入らないと詩にならないみたいなところがあります。ところが、荒川洋治以降の現代詩を書く人達の作品を見てると、大正時代にこういう詩があってとか戦後詩にこんなのがあってとか、書こうとするとそういう中に入ってしまうとは到底思えない。もっと街頭にこんな言葉があって、こういう感じ方があってとか、そんな所で書き始めています。そのギャップがあまりに凄いのがたいへん気になっていたんです。そうして見ていくと、音と一緒に書かれている歌詞が強い関心になってきたんですね。荒川洋治以降の詩人達の言葉と歌われてる詩とは区別がないというか、地続きになってるとしか思えない。決して現代詩の伝統的な語彙があって、その言葉遣いで書かなくてはいけないみたいなことはないんですね。僕らだったら詩というのは入り口があってずっと展開していってこの辺に山が来て最後に落ちがくるという風にどうしてもなっちゃうけど、彼らはいきなり真ん中に言葉がスパッと入ってくる。それが、こりゃ一体なんだってことになりましてね。そこでRCやスターリンの言葉にも関心を持つようになってきたんです。勿論フォークの人達にも関心はあったんですが、そういうのを見ていくと、演歌とか流行歌謡の抒情的なパターンがあってそれから少し高度になっていく――例えば中島みゆきとか松任谷由実とか昔のフォークの時代の人で言えばイルカとかうまいんですね。いい詩を書きます。でもそれは抒情的な演歌の延長線で十分理解できるんです。しかしそこから少し反転して、そういう言葉遣いをしながらも一種の諷刺詩といったらいいか、イロニーの詩になっているのは見てみると僅かにRCとスターリンだけなんですね。それはかなり珍しいことだというのが関心の持ち方の初めなんです。諷刺詩、イロニーの詩というものは現代詩の語彙で書こうとすると、これはかなり意識してやらないと——作ろうと思って作らないと出来ないみたいなところがあるし、そういうふうにするとひどくつまらないものになっちゃう。どうしてかって言うと、イロニーの精神なんてのはだいたい現代詩ってものにあまりない、僕らにもないんですよ。もっと生真面目なんでそういう詩にならないんですけど（笑）。それが意識せずにひとりでにできている。あたりそこねもあるかもしれないけど、RCの清志郎という人とあなたの詩はイロニーという段階でそれに位置付けられる言葉がある。まあ他にももしかしたらあるのかもしれないけど、僕が見た範囲ではその二つだけだったんです。最初の入り口はそこなんですけど。

遠藤——僕も昔は誰でもあるように文学青年だった時期がありまして（笑）。十八歳ぐらいまでは自分で詩を書いたりしてたんですよね。昭和初期の詩人なんかの影響を受けたりして。でも結局——六九年なんですか——あ、オレには現代詩というのは書けねえな、という断定があったんですね。つまり詩というものを書いても自分というものを出せないというか、表せないんだという……。丁度その頃、フォークといわれたものがワッと出てきた時で、それで、「あ、詩ではなくて、歌なんだ」という考えを漠然と持ってしまった。それからずっと続いてるんですが、実際に歌い出したのは二十六歳ぐらいになってからですけど。それからずっと

編集部——音に言葉を乗せるということを意識して、その詩のスタイルが変わっていったわけですか？

遠藤——そうですね。単純な話、いままで紙に書いてた自分の現代詩みたいなのは歌おうと思っても歌えないですよ、あんなものは（笑）。歌えっこないんです。その時になんでそうじゃない詩が書き得たかというと——ジャックスってバンドの曲を聴いたからなんですね。ものすごく言葉が単純というか、こんな言葉を使っていいのかってぐらい現代詩として書いたら恥しい言葉ばっかり使ってるんですね（笑）。ところが、それが一旦歌になって聴くと、すごいリアルになって響いてくる。歌の中ではじめて甦るような言葉を使ってるんです。そうやって意識して聴いてみると同じようなアーティストがジャックスの他にもいくつかある。これは面白いなと思って、それがきっかけだったんでしょうかね。でもそういう人達もずっとやっていくと、一つの上昇志向を持つようになる。そうして知的になってくるとダメになってしまうんです。つまり、何故ジャックスがいつまでも新鮮かというと、上昇志向に行く前に止めてしまったからなんですよ（笑）。断念しちゃったんですね。そこで止まってるから、なんかいつまでも新鮮でいられる……。僕が一番気になってるのもそこなんで、それから以降というのを——カルチャーに向かって知的上昇をしないで、もっと突き詰めることはできないかというところですね。

吉本――それはたいへんよくわかりますね。小説でいうと、例えば椎名誠という人はそこを持ちこたえているように思えますね。例えば筒井康隆っていう人は作家としてはもっと優秀なのかもしれないけど、彼にはそういう純文学志向みたいなのがどこかにあるから、どんどんそうなっちゃうんですね。そうなるとまあ僕らが見てると、わざわざつまらねえ小説書いて、それが純文学だと思ってるみたいなところがある。それは一種の感覚的な、感性の上昇志向だから、どうしようもないですよ。それは限界っていえば限界だと思いますね。

遠藤――だからあの人が凝らして書けば書くほど分かっちゃうんですよね（笑）。

吉本――そう、分かっちゃうんですよ（笑）。面白くないんですね。また、逆に純文学の作家がいわゆる中間小説というか、娯楽雑誌のような――小説○○みたいな所に書いても、なんかつまらないものになる。自分では面白くしたつもりなんだけど、作品はわざとつまらなくしたみたいになってる。そういうことがありますね。詩の方でもそれは言えるんですけれど。……まあ、それが段々両方から破れつつあると思います。いずれからも本格のそういう言葉が出てきてると思います。曲をつけて歌ってる人達――松任谷由実とか中島みゆきとか、さだまさしとか何人かの人達は以前からかなりそういう意味ではいい詩を作ってる。つまり演歌のパターン化した抒情から徐々に脱却して、いい詩を作ってたんですね。だからそういう基盤はあったんでしょうけど、そこからそれ以上上昇しちゃうと、いわゆる現代詩の中のつまらない詩というカテゴリーに突入していくよりないんですね。延長してったらそうならざるを得ない。それをみんな持ちこたえているわけでしょうけど、そうではなくて、そういうのが正しいわけじゃないんだという所で全く別の形――それが最終的な形かどうかは解りませんが――一種のイロニーの詩がポツポツと出てきてるんじゃないですかね。スターリンもRCもそうだと思います。

遠藤――小説なんかもやっぱりそうなんでしょうか？　しばらく小説って読まなかったんですが、このあいだ村上春樹とか高橋源一郎をちょっと読んで、びっくりしたんですよ。全然違うんですね。特に、あの高橋源一郎という人の小説は、わけわかんない（笑）。マンガを読んでるような面白さっていうか……。

吉本――面白いですね。つまり、あれはその作品自体が完成されてるかどうかということじゃなくて、やり方自体がたいへん興味深いんですね。

遠藤――割と劇画とかに似てるんですよね、すごく。

吉本――ええ、似てますね。だからあの人なんかの感覚はたぶん筒井さんが持ってるようなーーそういう上昇感性みたいな所を自然にどこかで処理ができてるんじゃないでしょうか。ああいう人が何人か突出してくると、純文学の流れが変わっちゃうんですけどね。いまの流れというのはいずれにせよ大江さんが初期の『死者の奢り』とか『芽むしり仔撃ち』なんかで出現した所からちっとも質が変わっていない。ところが、ああいう人達が幾人か出てきたら、そこで流れが変わっちゃうと思います。だからたいへん興味深いですね。詩の世界でも荒川さん的な言葉をもった人が何人か出てきたらちょっと変わると思うんですけど。いまはまだそういう徴候はないんですが……。

遠藤——やはりエンターテイメント的要素というのは、詩というのが一番少ないんでしょうか？

吉本——そうでしょうね。小説よりもっと面白くねえのが純化された詩だ、みたいなことがありますから。それとやはり不安があるんです。——まあ、荒川さんたちにはないかもしれませんが——僕らには不安があって、フォーク・ソングの人達と同じような言葉の位置をとったら全くつまらなくなってしまいやしないか、少なくとも言葉遣いで何となくめかしていたのが、剝げ落ちちゃって、「なんだ、こりゃ！」って具合にならないか。そういう一種の危惧が断えず伴うんじゃないですか。それらしくなるのと同じで——なんとなく詩になるということはあるんですよ。それを壊してしまったら大体詩にならないんじゃないかという恐れがあります。

遠藤——たしか〝マネー〟という曲だったと思うんですが、吉本さんが詩について触れてらしたでしょう。しかしあの詩というのは僕の中では一番出来の悪い詩だったんです（笑）。出来の悪いというのは別の見方で言えば、要するに最も七五調に捉われた詩、七五律にうまく乗っかった詩ですね。だから、ああ、これはまずいなあと、調子が良過ぎるんじゃないかという引っかかりがあった。本来ならレコードの中に入れない方が良かったんじゃないかっていう歌だったんですね。それを吉本さんがわざわざ取ってきたのはどういうことなのかと疑問に思っていたんですが。

吉本——ああ、そうですか。いや、僕らから見たら、これは意味内容が面白いんですね。いわゆる現代詩の流れの詩がいいたいモチーフからは出てこない意味なんです。それが面白い。現代詩の伝統的な流れから言えば――〝マイザー〟みたいな詩の方がいいってことになるんじゃないですかね。ところが、あれをいいという風にいえば、それはかなりの程度、フォークの世界の質のいい人達が作ってる詩の延長線上にしか位置付けられないでしょう。しかし〝マネー〟だったら、意味の一種の異化作用というか、イロニーというか、現代詩という流れの中にはちょっとこれはないぜってことが言えてしまう。だからそこは書いてる側と、僕らが現代詩という視点から見たのとちょっと違うかもしれないですが。……しかし、あなたがもっと演歌的な詩を作ったら壊れてしまうという危惧がないですかね。

遠藤――あ、それはあります。最初から壊れた歌にしかならないんじゃないですか。自分で意識してるのかどうか分かりませんけど、抒情ではない方へ、ない方へ行こうとするんです。それはどういうことかというと――例えば共同幻想へ向かう言葉を使うと、その方が却って抒情的なんじゃないか。反体制的かといわれる言葉を吐けば吐くほど僕にとってはえらく抒情的になってくる。だから対幻想に向かっていくというか、ある意味でポルノグラフィ的な所に向かっていく方がリアルになっていくんですね。別に〝おまんこ〟とかなんとかいう言葉の意味じゃなくて、感覚がポルノグラフィということですけど。それは一見するとひどく日常的な言葉になっていくんじゃないでしょうか。

吉本――それをどういう風に成り立たせていけるかは興味深いですね。

カルチャーの雑誌なんてあること自体おかしいんです（吉本）

編集部——いまは、カルチャーとサブ・カルチャーが攻めぎ合ってる時代なんでしょうか？

吉本——いや、それよりも、サブ・カルチャーの質というのが、カルチャーの質を先端の部分では凌駕しそうになってる。追い越しそうになってるんじゃないですか。だからカルチャーの方のもっぱらの危惧というのは、目的がないだけに、そこに向けられてると思いますね。その曲がり角のショックはカルチャーの面から言えばとても大きいし、大変大きな不安感を持ってるはずですよ。それは経済的な不安感も勿論含まれているわけですけど、そのサブ・カルチャーの質の〝高さ〟にどう対処していったらいいか解らない。たいへんとまどってるわけです。僕らにしてみればそこが相当関心の的になってるんですが、小説なんか書いてる人はもっともっと不安なんじゃないでしょうかね。

遠藤——カルチャーの人の中には、サブ・カルチャーに行っちゃおうかな、なんて考えてる人が案外いるかもしれませんね。

吉本——そういう要素というのは沢山あると思いますよ。具体的に言って、例えばこういう雑誌社があるでしょう。すると、出版してる雑誌の中でカルチャー関係のものは——文学なら文学でも、大体赤字でしょう。赤字で成り立ってるわけですよ。出版社の中にセクションが沢山あるとして、それを黒字の所と赤字の所に分けてみると、カルチャーは赤字のセクションなんですね。内部的にはいつも、「オメエの所は足手まといだ」って要素になってる

(笑)。いままでは足手まといでも、高度なことをしてるんだというのが唯一の言い訳になったんですが、その高度さ自体が段々危なくなってきた。だから内部ではますます身を縮めるという状態になってると思います。では一方、書く方は――小説書きでも僕らでもいいですが、こういう雑誌に原稿書いて生活成り立っているかというと、成り立ってないわけですよ。つまり具体的に名前を上げれば分かりやすいですが、小説家の大家と呼ばれる人がいて――誰でもいいですけど、井上靖にでもしましょうか――井上靖という人がいて、彼がカルチャーの雑誌に小説書いたとしますね。井上靖ぐらいのお年寄りだと、隔月に大体四十枚くらいの小説を書くのが、体力的に言って精一杯だと思います。とても頑張って隔月に四十枚程度の小説をやっと書ける。そうすると、井上靖の原稿料を一枚二万円とするでしょう。それぐらいだと思うんですね。僕が想像するに(笑)。で、四十枚×二万円で八十万円ですよね。隔月に八十万円の収入で、井上靖の生活が成り立っているかというと、僕は成り立たないと思いますね。ではどうして成り立っているのか。それは、単行本があるからなんです。雑誌に発表した原稿を集めて作った単行本の印税とか、単行本をまた文庫本にする時の印税とか、そういうのを全部合わせると、まぁ成り立つ。あるいは余るかもしれませんけど、そうなってるわけです。しかしそれは普通のサラリーマンで言えば残業で喰ってるようなもんですよ。残業がなければ喰えねえっていうのと同じです。つまり、新たに発想して、新たに書いて、新たに雑誌に載せたっていうことで喰えないというのは、一日八時間働いて喰えないというのと同じですからね。井上靖なんて大家を取ってきても喰えない。それで書いてるわけですよ。じゃ、おかしいじゃないかってことになる。要するに、喰える原稿料よこせっていう風に本当は当然言っていいはずなんですけど、それはもう元々赤字でしか出してない雑誌なんだから、沢山の原稿料は——喰えるような原稿料なんかとてもやれねえって具合になる。そういう風に見てくると、書く側から言ってもこれは経済的に成り立ってない。また出してる方から言っても赤字で出してる。だから、こんなのあること自体おかしいんです（笑）。

遠藤——なるほど（笑）。

吉本——経済的基盤だけから言えば、純文学の世界っていうのはすでに解体してるわけですよ。それを解体してるって風に気付いてるか気付いてないかってことだけが問題なわけで。たぶん井上靖は気付いてないですよ。自分は結構成り立ってると思ってるでしょう。だからダメなんですよ、書くものもダメなんですよ。本当に優秀な人というのは——小島信夫でも古井由吉でもいいですけど——本当は成り立ってないんだってことは分かってますね。その緊張感があるからまあいい作品が書けますよね。すると、書く作業と喰う喰わないは別のことにしようじゃないか。書く欲求のある作品は自分たちで同人雑誌作ってそこでやろうじゃないか——とても赤裸々に言えば、この形でしか純文学は成り立ってない。そこが自分でよく分かってる人と、みかけ上喰えてるからかなり呑気にやってる小説家といますけど、本当はそうだと思いますね。

編集部——ミュージシャンなんかはどうですか？　その辺からも相当きびしいってことになってると思います。

遠藤――現実を見ちゃうとロックでなんか喰えてないなあ、というのがまず認識としてあるんですね。なんとかそれで喰おうとしてるんですが（笑）。あともう一つ、不思議なんですけど――例えばあるバンドがあって、それが人気が出る。するとコンサートの動員が増えてくるわけですね。しかし、そういう人気とそのバンドが出したレコードが売れるということは必ずしも一致しない。最初は人も集まってくるし、レコードも売れてくるんであまり分からないんですが、あるレベルまでいくとそれがズレてくる。うちのバンドも動員はこれだけあるのに、何でレコードはこんなものなのか、どうも判らない。ＲＣも武道館を満員にするくらい入ってるのにそれほどレコードは売れない。そこが不思議ですね。

吉本――なるほどね。それはつまり、武道館なんかでライヴをやるというのは、新しく原稿を書いて雑誌に発表するのと同じ意味合いになって、レコードはきっと残業なんですよ、残業（笑）。

遠藤――本当にそういう所はありますね（笑）。歌の本質はライヴにあるというのは正にその通りで。

吉本――つまり、そこで喰えてなきゃウソだってことになるんですね。

遠藤――普通のミュージシャンの場合、どこかの事務所に所属してそこから給料を貰うみたいな形でやってるんですが――僕らがそこまで自分達でやろうと思ったのは、レコードでどれだけ金が入ってくるのかというのは別にして、とにかくライヴの収入でどれだけ喰えるようになれるかを突きつめたかった。それをやらないと訳わかんなくなっちゃいますから。

吉本——全く、そうですね。

遠藤——でも、いまはやはりライヴの収入だけじゃ喰えませんよね。どうにかして喰えるようになりたいと努力はしてるんですけど（笑）。

＊この対談の続編は、20年後の2003年4月21日に吉本隆明氏宅で行われ、遠藤ミチロウCD付き写真集『我自由丸～ガジュマル』撮影・遠藤貴也（2003年12月発行／マガジン・ファイブ刊）の巻末対談「持続あるのみ。やめたら、おしまい」に収録され、その後『ユリイカ』2019年9月臨時増刊号「総特集　遠藤ミチロウ」に収録されています。

吉本隆明　プロフィール
1924年東京生まれ。2012年没。東京工業大学電気化学科卒。詩人、文芸評論家、思想家。常に自立した大衆の一人として思索し、日本の戦後思想に大きな影響を与えた「戦後思想界の巨人」。著書に「言語にとって美とは何か」「共同幻想論」「心的現象論」「書物の解体学」「超『20世紀論』上下」「超『戦争論』上下」「思想のアンソロジー」など多数。吉本ばななの父でもある。

第4章【2000-2003】

ミチロウマンガ解説

TALK ABOUT THE COMICS

『銭ゲバ』は資本主義の旧約聖書だ――『銭ゲバ』ジョージ秋山

ボクがまだ19歳のとき『銭ゲバ』の連載は始まった。1970年。何もかもなしくずし的で、負けた自覚さえ、はっきり持てない「病み」が始まったあの時、ボクは白と灰色のすき間で、何をしていいのかわからなかった。

愛は金で買えるか、という疑問に、安易に、そんなことはないと、猛烈な反発を覚えながら、エロ写真片手に、センズリをこいている19歳。革命も自由も解放も、資本主義も共産主義も、愛も憎悪も、すべて陸地というのを取っ払ってしまうと、リアルさなんていうのは、おこがましいのっぺらとした自分がいるだけだと、想い浮かべる19歳。

『銭ゲバ』はそんな19歳に「鉈《なた》」のように登場した。そう、人を殺すとき、一番残酷で原始的なイメージをいだかせる凶器、「ナタ」。まるで「銭」は、「ナタ」で人を殺すときのような凶器みたいに、人間関係をズタズタにする「暴力装置」だ。いや幻想をはぎ取る「ナタ」なのだ。

だから夕陽のガンマンが、ピストルをみがいているように、風太郎は「銭」を抱く。いや抱かれる。まるで、お母さんの懐に抱かれているような安心感を覚えながら。そのとき「銭」は「暴力装置」ではないのだ。「力」ではなく「愛」に変っている。

母を殺した「銭」が、母のように安心感を与えてくれる、「愛」に変身するのだ。そのパラドックスに気づいていない風太郎は、本当の愛を他人に求めると必ず裏切られる。そのたびに「ナタ」のように風太郎は自分の首を切り落とす。自分を裏切る自分が許せないのだ。

『銭ゲバ』への痛快さと、嫌悪をまぜこぜにしながら、19歳のボクは、毎週「少年サンデー」が発売されるのが、待ち遠しかった。あまりにも純粋な憎悪は、信じがたい愛を吐き出す肥やしである、とは誰も言ってないが、純粋な正義が、信じがたい悪を生みだすことは、歴史でさえ証明している。

大阪・万博の景気づけで始まった70年代からの高度成長が、80年のバブルを経て、不況の90年代に突入、あれよあれよという間にミレニアム。清濁入り混じった、新旧入りまじった、灰色というより泥のような世紀末で、改めて『銭ゲバ』を読みなおしてみると、そのあまりにも、明快な信念を現実がまるで模倣するように実証してみせてくれた。30年かけて。

しかし資本主義という現実は、「風太郎」のように信念で「銭」に接しない。資本主義の本能は銭が動くことである。「銭」が「本能」を停止して眠っていると、風太郎はそれに「愛」を感じてしまうのだ。決して自分を裏切らない、母のような。

だが、電子マネーが当たり前の現代では、その母の顔が見えない。いや母の顔が愛ではなく、恐怖や軽蔑に、あるいは溺愛か変態かになりつつある現実が、「銭」のリアルさを奪っている。

「銭」が顔を無くすように「愛」もリアルさを失っていく。まるで双子の鏡のように、一緒に曇りだす。その曇った鏡をこすりながら、自分の顔を映し出す。でも、あっという間にまた曇り出す。

テレビのワイドショーの保険金殺人や、政治家のスキャンダル。一口いくらの正義感をふりかざすいろんな庶民の代表。日夜のけたたましさが、ますます、ひどくなっていくのに、現実は、きっと何も変ってないのだ。

その何も変ってない現実に、今でも「ナタ」を振り下ろす力が『銭ゲバ』にあるかどうか。それはあの時19歳だった、ボクのように、今の若い奴に読ませたら、一発であると思う。きっと、当時のボクのように嫌悪感は感じず、痛快さと明快さに、宗教的なものを感じるかも知れない。「銭」がゲーム化するように、「愛」が宗教にしか、逃げ込めない未来は、ジョージ秋山氏、本人が、一番熟知しているに違いない。まるで『銭ゲバ』が資本主義の「旧約聖書」であるかのように。

「よど号ハイジャック事件」「三島由紀夫自決」という衝撃的な事件が起こり、2年後には「連合赤軍浅間山荘事件」が待つ混乱と狂気の1970年、「週刊少年サンデー」(小学館)で発表されると同時に一大センセーションを巻き起こした問題作。貧しい生い立ちであるが故、「金とは何か⁉」「自分はなぜ生まれてきたのか⁉」を自らに問いながらも、銭を得るための悪行を重ねる蒲郡風太郎。人間の善悪とモラル、真実の愛への渇望というテーマをジョージ秋山が鋭く描いた。2000年、長年入手困難であった単行本がソフトマジックから883P全1巻のブ厚本で復刻。遠藤ミチロウ以外には米澤嘉博、蛭子能収、吉田豪、赤田祐一などのコメント・解説掲載。また大西祥平によるロングインタビューも収録。

『銭ゲバ』ジョージ秋山（ソフトマジック刊）

生殖を前提としない性に、初めて面と向かってしまったボクらの同棲時代――『日本列島蝦蟇蛙』ジョージ秋山

僕が唄を唄い出したのは、彼女にふられたからだ。それまで4年間同棲していた彼女に、ある事情があってふられた。みんなオレが悪いんだよなあ、って思いながら、初めて詩を書いて、「うた」が出来た。それがきっかけで、人前で唄い、いつのまにか、唄うしかない、となっていた。そんなメメしい理由で始めたボクの「歌手人生」だが、いつの間にか26年たっていた。でも、その時からある意味で時間が止ってしまったような気もする。何が止ってしまったんだろう。思考の生理が始まったのと引き換えに。

その女の子と、同棲を始めたのが1972年。その1972年に『日本列島蝦蟇《がま》蛙』は連載をスタートした。今考えると、1972年というのは大変な年だった。浅間山荘事件、沖縄返還、角栄内閣誕生、そして『日本列島改造論』。ありきたりの言い方だが、やっと戦後が終わって、〝繁栄〟の日本が歩き出した。

そしてそれが、1995年の阪神大震災、オウム・サリン事件で、幻想が完全に崩壊する。その1995年が、終戦50年だったというのは、あまりにも切りが良すぎる。たった半世紀

の間に何かが起こった。

とにかく、一般家庭では「父親不在」が進行した。男どもは働くのに忙しくて、夢中で、家庭を顧みる余裕などなかった。そんな「父親不在」の家に育ったボク等は、やがて、結婚をしない共同性生活、〝同棲〟をブームにまでしてしまった。生殖を前提としない性に、初めて面と向かってしまったのだ。妊娠＝結婚。それが常識の時代に、子供をつくらない性生活、同棲は、何人の水子を吐き出したことか。

そのうしろめたさか、親達とは違うんだという意識か、「同棲時代」の後に生まれたのが「ニューファミリー」だった。それは、対幻想の中の『日本列島改造論』みたいなものだ。「ニューファミリー」はどんどんふくらんで、無理矢理空気を注入されて、パンパンにふくらんだ腹の蝦蟇蛙のように、油汗タラタラ。そしてとうとう、パーンとはじけて、バブル崩壊。しぼんだあとに、ダメを押すように、地震と毒ガス。

ボク等は恋愛と家族という対幻想の両極のはざまで、揺れ動き、くずれ去って、窒息する。快楽と生殖。蝦蟇蛙（同棲時代）は、犯りまくったのだ。それは肉体だけじゃない。精神的にも犯り合ったのだ。

『日本列島蝦蟇蛙』は、ひたすら日本の風景を犯りまくったのだが、『日本列島蝦蟇蛙』は、ひたすら日本の内なる風景を犯りまくった。まるで、太宰治のように。〝トカトントン〟と空虚に響くあの音のように、「聖」の頭には、蝦蟇蛙の〝ゲロゲロゲロ〟という鳴き声が鳴り響く。

「聖」が、初めて母親のセックスをのぞき見たとき、何かが、ガラガラと崩れ落ち、母親は「おかあちゃん」から「ママ」に変わった。「ママ」はガマ蛙。「おかあちゃん」は忘却。ガマ蛙はやがて、バケガマ蛙にまでなってしまう。バケガマ蛙が産み落とした子供たちは、呪われたように異常な犯罪をひきおこす。ミヤザキ、サカキバラ、バスジャック。母親に仕返しするように、世界に対して仕返しをする。

きっと「波子」は、バケガマ蛙になっていったろう。「ニューファミリー」という、平和な家庭を作っていったとしてもだ。空洞化現象は別に経済だけのことじゃない。

女が〝蝦蟇蛙〟になるとき、男の性を持つ「聖」はひたすら〝杭〟になるしかない。お経の一つでも唱えたくなるのも当然だろう。なんてったって「聖＝ひじり」なんだから。

ボクの同棲は4年で終った。

「幸子」と「一郎」の出口のない同棲生活を描いた林静一『赤色エレジー』（「ガロ」／青林堂）や上村一夫の『同棲時代』（「週刊漫画アクション」／双葉社）が発表された同棲ブーム真っ只中の1970年代前半、当時の若者文化に多大な影響を与えた男性週刊誌「平凡パンチ」（平凡出版・現マガジンハウス）誌上に1972年から1973年にかけて連載された《ジョージ秋山版・同棲時代》。2002年、ソフトマジックから480P全1巻で復刻。遠藤ミチロウ、しりあがり寿、植地毅、曽我部恵一などの解説、ジョージ秋山全作品リストを収録。

『日本列島蝦蟇蛙』ジョージ秋山（ソフトマジック刊）

教祖タカハシ（詩）――『教祖タカハシ』ジョージ秋山

タカハシ！　おまえに会ってから、オレの人生は、わけがわからないものになったぞ。いやいや人生なんてわけがわからないものから解き放たれて石コロになったぞ。そしたらオレは痛いとか、苦しいとか、感じなくなってしまったが、踊りたくても踊れない地蔵みたいに道ばたにつっ立って、涙もへちまも味噌もクソもいっしょにたれ流し、脳ミソの茶碗蒸しドンブリ一杯、けがれた生肉ポリバケツ一杯半、すりきれた電池4.5V、油っこい人間関係845g、なけなしの金の卵は無精卵、だからって新鮮なら上等じゃねえかと開き直る男の下半身には、哀愁のサクランボ、目を閉じてみるがいい、何千億のホタルのヒカリが、愛という名の生存競争に飲み込まれ、別れを告げる間もなくゴミになった、その現実を、虫のいい知らせと勘違いするおくびょう者の楽天家、約10名、記憶にございませんを連発すれど、神に誓わずに本当のことを言ってしまった罪と罰、食後の薬に「ガスター10」、念仏すれど成仏しないやっかい者は、いったい誰がめんどうみるんだとパレスチナ、自爆テロからはるか遠くの日本で、ホームレスの平気物語、視聴率かせぐかせぐ、成り上がるより成り下がりの幸せかみしめて、誰でもなれるんだの合言葉よろしく、色即是空をうそぶく極悪妻の鏡のように、タカハシ！　おまえのカオがあったんだ。

1990年から92年にかけて「週刊ポスト」（小学館）に掲載された《愛と魂》を救済する現代の経典漫画。70年代の『銭ゲバ』『アシュラ』に続く新たな問題を投げかけ、発表から5年後の1995年、新興宗教団体が起こしたあの忌まわしき《地下鉄サリン事件》を予言していたとも思われる衝撃の傑作。妻にも上司にもいびられ、その上、心臓病で生死の堺を彷徨う冴えないサラリーマン太田鷹彦が遭遇した《教祖タカハシ》。その男は彼の病を治し、そして教えを説く。悟りたければ大いに苦しむこと。キミに苦しみを与えてくれる人間は大いなる導師である、と。魂にじかに響くタカハシの教えにより、彼は《真の至福》をめざし苦行の道を歩むことになる……。2003年、ソフトマジックから初単行本化。遠藤ミチロウ、吉田豪、ヒリックの解説を収録。

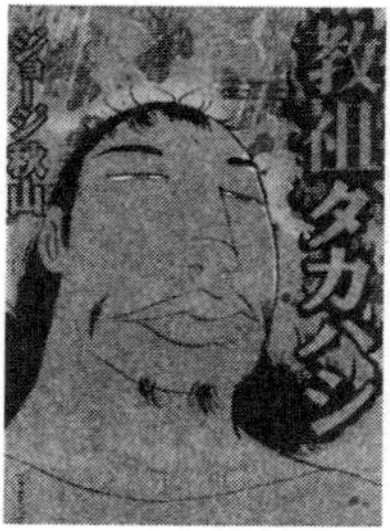

『教祖タカハシ』ジョージ秋山（ソフトマジック刊）

平口広美の精液――『走る！』平口広美

ボクが20年程前に結成したパンクバンド「ザ・スターリン」のファーストシングル『電動コケシ／肉』（もちろんインディーズ）のジャケットは、平口さんに描いてもらった。これがとんでもなくエグかった。勃起した、血管の浮き出た男根に注射器がブチ込まれているやつなのだ。

その衝撃は、ボク等をふるい立たせた。このジャケットに負けられない。そのときから、ザ・スターリンの方向性は運命づけられたのかも知れない。おかげで、デビュー当時は、パンクバンドというより、「ヘンタイバンド」として有名になってしまった。

バブルを前に高度成長で浮かれ始めた80年ニッポン。人々の「ささやかな欲望」がほぼ満たされて、頭打ち、さらなる資本主義の脱皮が、本能がかけめぐるとき、世の中は変態化する。思えば、この時期に種付けられた子供達が、その後、神戸の事件やバスジャックに成長したのだとわかると、因縁の深さを感じざるを得ない。

当時「漫画大快楽」に連載されていた『白熱』を読んで以来、ボクはすっかり平口広美ファンになっていた。性も暴力もクソもゲロも正義も妄想も差別も、ぐちょぐちょになって、正直と平等を逆説で締め上げたような精液をブチまける。

「ささやかな欲望」から「ないものねだりの欲望」へ世の中がどんどん二重人格化する中で、「うそ」と「本当」の価値が逆転する。それはあきらかな妄想なのに、人々は浮き足立つのだ。何が本当なのか、うそなのか、わからなくなった不安を押し隠しながら。

平口広美は、いつだって現実を無理矢理、こじ開けるように妄想を具体化する。差別やコンプレックス、あらゆるフラストレーションが逆流するとき、人間は覚醒する。おっ立ったまま、永遠に射精できない「シャブチン」資本主義をあざ笑うかのように、本能に目覚めた暴力は、ブチ切れるほどに、情熱的で解放的だ。飛び散った精液は妄想の涙。美しい言葉の一つでも口ずさみたくなるような虚脱感を感じながら、また現実に引き戻されるのだ。

しかし、今思えば、あのジャケットの絵が、勃起した男根にクスリをブチ込んでいるのか、クスリをブチ込んで勃起させた男根なのか、それが未だにわからないのだ。

70年代後半「三流エロ劇画ムーブメント」の真っ只中に「漫画大快楽」(檸檬社)、「ガロ」(青林堂)などに発表したソウルフル官能劇画。爆走するマラソンマンの激しい欲望魂……。不似合いなギョーザ屋に出現した深窓の令嬢に抱く庶民の覗き魂……。愛するが故に不条理な結末を呼ぶ若い男女の過激な純愛魂……。ムキ出しの「欲望魂」が疾走する伝説の《パワーバイオレンス・エロス》の傑作選。2000年、ソフトマジックから表題作を含む作品集が刊行される。

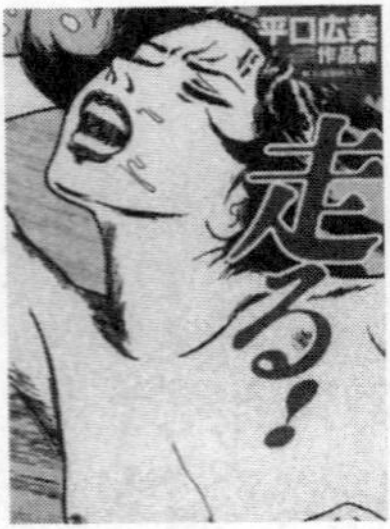

『走る！』平口広美（ソフトマジック刊）

全能の「ヒップ」の神に勃起——『恥辱の刻印』笠間しろう

　ボクにとって、最高の「エロ漫画家」は『笠間しろう』だ、というのは間違いない。極め付けのポルノである。

　いきなり、オナニーの話で恐縮だが、小説と写真と漫画と映画とビデオといったら、圧倒的にビデオのお世話になってしまうのは、ボクの現在である。しかし、ビデオなどない70年代の青春時代!? は圧倒的に漫画のお世話になっていたのだ。

　その感謝すべき「エロ漫画」の最高峰に『笠間しろう』はいた。ああ、何度お世話になったことか。小学校から漫画大好き少年だったボクは、当然目覚めた後も、漫画で解放されることが多々あって、とにかく『笠間しろう』の漫画との出会いは、ちょっとした下半身カルチャーショックだった。

　しかし、不思議なことに、彼の作品に登場するのは、ボクの好みとは正反対の肉感的な豊穣なタイプばっかり。もし、生身で見たらゴメンなさいと、逃げ出したくなるような肉付きの良さである。それが彼の絵で描かれると「エロスの塊」になってしまうから不思議だ。

　その象徴が「ヒップ」である。すべてを食いつくした、神様のようなお尻を前にしてボクは為す術がない。しかし、彼の漫画では、それは成熟した女性の象徴として、愛おしさを込めて描かれているのが、ヒシヒシと伝わってくるのだ。

だから、そこにSMが登場するのは、必然だろう。金持ちと貧乏、都会と田舎、清楚と淫乱。バケの皮をはがして、引きずり下ろすには、多少のいたぶりは必要だという設定は、水戸黄門のインロウのごとく、効き目がある。そのときボクはチンチンを硬くしながら、知らない間に、全能の「ヒップ」の神に洗脳されているのだ。

キリストが、自ら「磔」になって、神になったように、縄で縛られ、ムキ出しになった「ヒップ」は、神々しい光を放ち出す。

しばらく、AVにうつつを抜かしていたボクの前に、突然現われた「恥辱の刻印」は『笠間しろう』の健在を証明するどころか、円熟した「ヒップ」を、より一層なまめかしく疼かせていた。

ボクは密かに、作者の原画を見せてもらえたのだが（もちろんカラーも）、それがさらにスゴかった。ありふれた言い方だけど、これはまさに、現代の浮世絵師だと言ってもかまわないぐらい官能的なのだ。

永遠の熟女（この言葉は現在タブーである）とは……。野村サッチーと対極にある理想の熟女はきっと笠間しろうの漫画の中にしか居ないのだ。

いくらAVを見ても決して満たされることのない、いやAVでは決して表現出来そうにない、見る者の想像力を喚起させるエロざわりは、極上である。漫画だから、劇画だからこそ出来るエロチックさのツボを、よく知っている『笠間しろう』のなせる技だ。
　巻末インタビューで、本人が「やっとこの頃、女性の絵が描けるようになってきたかな、と思ってるんです」と、言っているのを読んで、この人はやっぱり本当の浮世絵師だと思った。生涯現役で描き続けたい、と言い切る力強さは生半可なスケベさではないことが、感動的ですらある。「不変のルツボ」にハマって、さあ、21世紀を迎えよう！？

1987年〜1989年に「劇画ジャンプ」（サン出版）に連載された傑作劇画作品集。都会を離れた田舎のラブホテルで爛熟女体を開く不倫妻……。SM調教師の淫技に溢れ出す驕慢熟女の熱い愛蜜……。夜這い男が目撃した恥かしい痴戯に溺れる清純女優の裏側……。官能劇画界にそそり勃つ現代の極太官能絵師・笠間しろうが描く艶熟美女の魅惑の官能エロス。1999年、ソフトマジックから単行本化。遠藤ミチロウによる解説は本書のために書かれた未発表原稿。長らく絶版であったが2005年、マガジン・ファイブから大西祥平によるインタビューも再録した改訂版が刊行される。

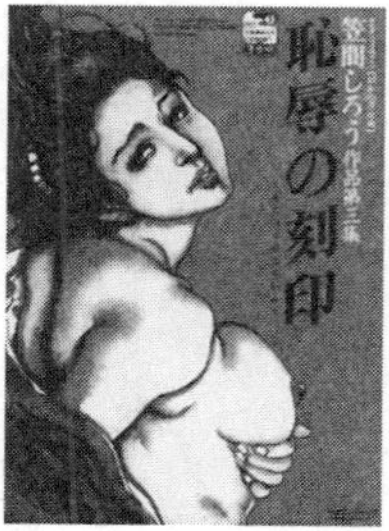

改訂版『恥辱の刻印』笠間しろう（マガジン・ファイブ刊）

2003リミックス版　あとがき

以前、めったに出ないテレビに出たとき、あなたにとって「音楽」とは何ですか？と質問され、あいた口がふさがらないまま、思わず「ゴミ箱です！」と答えてしまった。

確かにボクにとって音楽はゴミ箱かも知れない。いろんな感情の吐き溜。くしくも「THE STALIN」のとき、客席に生ゴミや臓物をバラ撒いたのも無意識のうちのパロディだったのだろうか。

この本の土台になってる元本「嫌ダッと言っても愛してやるさ！」（1982年・KKダイナミックセラーズ刊）は、まさに「THE STALIN」がスキャンダラスな話題になっている真っ最中に出された本である。写真集でもない、エッセイ集でもない、いやどっちでもあるような、バイセクな本だった。しかし今度の本はまさに「THE STALINのゴミ箱」といってもいいほどの色どりである。自他混合の「スターリン・ミックスゴミック」。しかも、ＤＶＤにプレスされた〝ヒストリー・オブ・スターリン〟ともいえる映像、『YOUR ORDER!』が付いているので、完全な3次元ブックになっている。

思えば、「THE STALIN」のときは、徹底的に肉体にこだわった。それは肉だけでなく、汗も反吐も血もツバも精液もクソも小便も。それでも物足りずに臓物やブタの頭まで、何でもかんでも投入した。唄う自分は、客と対峙する他に、自分の投げたゴミと対決する。客もゴミに負けじと対抗する。この三すくみの関係が、異様なステージ空間を作り出していたのは確かだ。

１９８０年から85年のたった5年の間に、いろんなことが起こって、いろんなことに出会って、「THE STALIN」は解散したけれど、20年たった今ごろ、こんなすばらしいゴミ箱（しっかり他人のゴミ「失礼！」までいっしょに詰ってる）となってよみがえるなんて、思いもよらなかった。一番楽しませてもらったのは、このボクかも知れない。

この本の出版にあたって御面倒かけっぱなしの「マガジン・ファイブ」の菅野さん、田草川さん、「アジール・デザイン」の皆さん、そして、この本のために作品を提供してくれた皆様、解説、コメントを寄せてくれた皆様に感謝、感謝の限りです。今年、ボクは53歳になります。つまり、ゴ、ミ、になるんです。思い起こせば、「THE STALIN」のファースト・アルバムは「トラッシュ」だった。

2007リミックス新装版　あとがき

今度改めてDVDを脱ぎ捨てて、本だけという本来の姿になったリミックス新装版「嫌ダッと言っても愛してやるさ！」は愛おしいものになった。

愛おしいというのも変だが、この一冊で、あのデビューから解散まで（80〜85年）自分が何を考えていたのか、あらゆる角度から手にとるようにわかるのだ。DVDがなくなった分、「スターリン本」というより、より「ミチロウ本」そのものという感じがする。おまけにまわりにはどんな風に見えていたのかまでよくわかる。それらがみんな愛おしいのだ。改めて読んでみると、へぇ〜、こんなこと言ってたんだ、と驚くだけじゃなく、その荒削りな突っ張りやパフォーマンスが愛おしいのだ。30代前半5年間の肉体も脳ミソも一番活発に躍動してた時のボクの文章。血管を血がドクドクと流れていくのがよく感じられて、恥ずかしいぐらいだ。そう、恥ずかしいぐらい、目いっぱい背のびしたりしている自分がいるから、人目にさらさないよう、愛おしく隠すように抱きしめたいのだ。今年57歳になるボクは25年前のあのスターリンがメジャーデビューした熱狂の年に出されたこの本に、少なからず嫉妬した。自分で自分の過去に嫉妬するというのは確実に年老いたということなのだが、肉体は衰え、気力も萎えても、現在の自分は恒常的に活動している。しかし、どこか口惜しいのだ。動くことに対して常に気後れしてしまう。自分の分離に。余計な妄想ばかり増えて、体がなかなかついてこない年老いた自分がもどかしいのだ。しかし、それは仕方のないことだ。きっと、これからますますそれがひどくなっていく中で、葛藤をくり返していくしかないのだから。

ただ、ボクはきっと一番最初に出したこの本が今まで出したどの本よりも一番好きなのだ。未来はますます現実的に近づいて来るとしても。この「リミックス新装版」の出版にあたって、いろいろ御苦労をかけたマガジン・ファイブの皆さんに感謝の気持ちでいっぱいです。

二〇〇七年六月　遠藤ミチロウ

第5章　歌詞と詩と未収録エッセイ

1994年6月8日　撮影　地引雄一

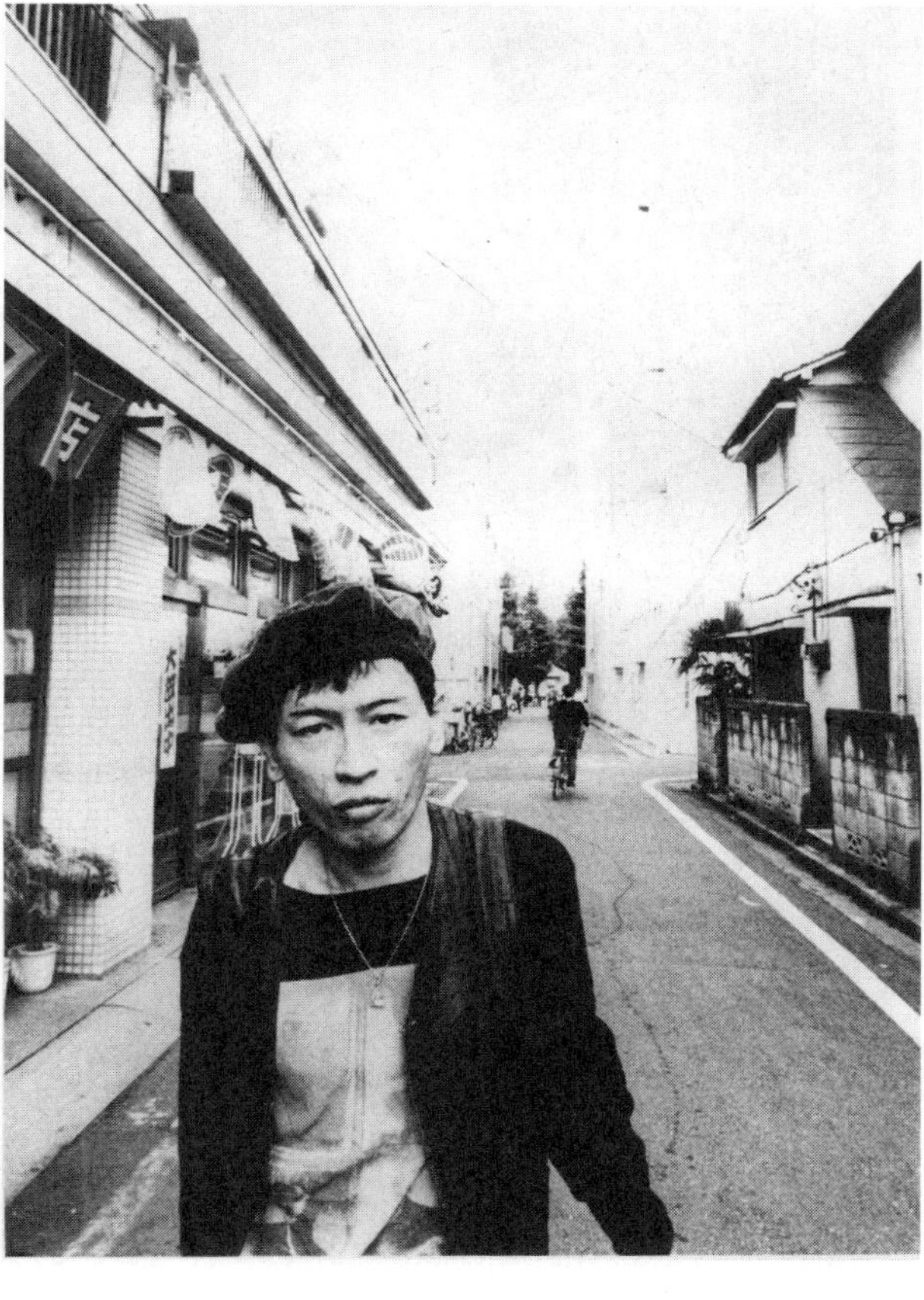

同日　撮影　地引雄一

1994年4月26日渋谷エッグマン　撮影　地引雄一

1997年7月16日新宿ロフト　撮影　地引雄一

歌詞

電動コケシ

電動コケシが食べたのは
からっぽになったビルの空
無いものねだりの欲望に
頭から突っ込んだ
電動コケシが首を振ると
東京中の高層ビルが
ひとつオイラが代わりにと
夜の夜中に首を振る
電動コケシが震えると
東京中の車がみんな

とても我慢できねぇよと
夜の夜中に鳴きだした
みんながいっせいに首をふると
なんだか急に湿っぽく
今にも街が溶けそうで
神さえズボンを脱ぎ出した
電動コケシの仕組んだ夜に
人間だけがオモチャになった
電動コケシの仕組んだ夜に
人間だけがオモチャになった

だからその時さもありそうに
待ってましたと言い出す奴に
4・5Vのやり切れなさを
喉の奥までぶち込んで
首を振り振り身を震わせて

涙流してイヤイヤするのを
朝が来るまで見つめていたさ
朝が来るまで……

電動コケシが食べたのは
からっぽになったビルの空
無いものねだりの欲望に
頭から突っ込んだ

ロマンチスト

何でもいいのさ　壊してしまえば
おまえはいつでも　アナーキスト
壊れていくのは　てめえばかり
ぬかみそになって　オポチュニスト

吐き気がするほど　ロマンチックだぜ！
吐き気がするほど　ロマンチックだぜ！

誰でもいいのさ　手をつなげば
おまえはいつでも　コミュニスト
ゴキブリみたいに　数だけ殖やし

手拍子取り出す　スターリニスト

吐き気がするほど　ロマンチックだぜ！
吐き気がするほど　ロマンチックだぜ！

良心的にと　手をさしのべて
助けてあげると　モラリスト
しゃしゃり出るほど　顔がない
臭いで犯す　ヒューマニスト

吐き気がするほど　ロマンチックだぜ！
吐き気がするほど　ロマンチックだぜ！

おまえはアナーキスト　ナショナリスト
スターリニスト　オポチュニスト　スタイリスト
フォーマリスト　リベラリスト　ヒューマニスト

ソーシャリスト　イスト　イスト　イスト
吐き気がするほど　ロマンチックだぜ！
吐き気がするほど　ロマンチックだぜ！
おまえは！

STOP JAP

おいらは悲しい日本人
西に東に文明乞食
北に南に侵略者
中央線はまっすぐだ

ほらおまえの声きくと頭のてっぺんうかれ出し
見分けがつかずにやり出して
帝国主義者がそこらで顔を出す

おいらはいつでも愛国者
お国のことを考える

愛する母よ愛する父よ
あいそがつきてもまだつきない

ほらおまえの声きくと頭のてっぺんうかれ出し
見わけがつかずにやり出して
帝国主義者がそこらで泣き出した

おまえはいったいナニ人だ
おまえはいったいナニ人だ
おまえはいったいナニ人だ
おまえはいったいナニ人だ

ほらおまえの声きくと頭のてっぺんうかれ出し
見わけがつかずにやり出して
帝国主義者がそこらで笑い出す

STOP JAP!　STOP JAP!　STOP JAP!…
つぶしてしまえ　つぶしてしまえ
STOP JAP!　STOP JAP!

ストップガール

世界の果てまで　俺をつれてってくれ
つぶれていってもいいんだ　失うものは何もない
冷たい水晶を　今夜おまえと食べよう
喉が切れても　かまわないから

ｏｈｏｈｏｈ　ストップガール　ｏｈｏｈｏｈ　ストップガール
ｏｈｏｈｏｈ　嫌だと言っても愛してやるさ

それでもおまえは耳を閉じないでくれるか
体が重い　時間は背中を向けてる
声が沈む　空気はカミソリ

何も見えない時でさえ　すべてを許してかまわない
ｏｈｏｈｏｈ　ストップガール　ｏｈｏｈｏｈ　ストップガール
ｏｈｏｈｏｈ　嫌だと言っても愛してやるさ

おまえは帰るとこがない　だからここにいる
俺は行くべきとこがない　だからここにいる
激しい光の中で　二匹の虫は眼を焼いた
今さら飛び立とうとは　決して思わない
ｏｈｏｈｏｈ　ストップガール　ｏｈｏｈｏｈ　ストップガール
ｏｈｏｈｏｈ　嫌だと言っても愛してやるさ

そこから切れても　何も俺はかまわない
おまえの記憶は一人で今に歩きだすだろう
だから世界の果てまでつれてってくれ　世界の果てまでつれてってくれ

ｏｈｏｈｏｈ　ストップガール　ｏｈｏｈｏｈ　ストップガール
ｏｈｏｈｏｈ　嫌だと言ってても愛してやるさ
ストップガール！

MISER

何にもおもわずに　ここまで来たけれど
このまま許される　はずはないから
今に何か　いやなことが
不吉な何かが　かならずおきる

昨日届いた　手紙の中から
象牙と口唇のウソが入っていたんだぜ
黒くよどんだ　血のりの中で
おまえの幸福が　みるみる萎えいでく
どうせここまで　来たのだからと

ことは始まり　ことは終る
吐きすてることも　あきらめることも
腐っていくことも　許されちゃいないのさ

何にもおもわずに　ここまで来たけれど
このまま許される　はずはないから
今に何か　いやなことが
不吉な何かが　かならずおきる

もうたくさんだ　もうたくさんだ
おまえの好きにするがいいさ
おまえのおまえの好きにするがいいさ
いいさ　いいさ

ワルシャワの幻想

オレの存在を頭から輝かさせてくれ！
おまえらの貧しさに乾杯！
メシ喰わせろ！

天プラ

天ぷら！　おまえだ！　カラッポ！

虫

気味の悪いヤツだな　胸をつかまないでくれ
おまえなんて知らない
どこかへ飛んでけ

虫になったら　よろしく

骨までひからびた　もっともっともっと奥へ
嫌になったよ
おまえなんて知らない
どこかへ飛んでけ

虫になったら　よろしく
きっとおまえが死んだんだ
死・ん・だ・・・
笑う事さえ出来ないか
笑う事さえ出来ないか

笑え！

おまえなんて知らない

お母さん、いい加減あなたの顔は忘れてしまいました

お母さん、雨の信号はいつも横断歩道のわきでパックリ口をあけているあなたの卵巣
が
真紅に晴れ上がった太陽の記憶をゴミ箱から引きずり出し
そしてそこから一匹の虫がこそこそと逃げ出そうと
28万5120時間の暗闇をめぐりながら
今すぐ夕餉の食卓に頻繁に出された玉ねぎのみそ汁を頭からかぶり
ズブ濡れになった幸福の思い出を今か今かと待ちわびる
自閉症の子供の通信欄に　僕のお父さんは公務員ですと
一人で書き込む恥ずかしさを誰かに教えたくて
放課後の来るのも待ちきれず教室を飛び出して
一目散に家をめざしたのだけれど　もれそうになるオシッコを我慢して

教えられた通り緑色に変わったら渡ろうとしていた信号が
実は壊れていたんだと気づいた時にはすでに終わっていたんです
お元気ですか

お母さん、頭がいいのはぼくのせいではないと自己主張する度に
宙ぶらりんの想像妊娠恐怖症からやっと立ち直った
女の下着にはいつも黄色いシミがついていて
人種差別は性欲の根源であると公言してはばからない
アメリカの政治家の演説を鵜呑みにしたような清々しい朝の勃起で
ベトナムのバナナの叩き売りを一目見ようと
片手に自由の女神の電動コケシと
片手に赤マムシドリンクをかかえこんだ農協のじじいが
かわいい孫娘のお土産にと
上野のアメ横で流行のジーンズを買い込んで金を使い果たし
家族は運命共同体だと時代遅れの暴言を吐いて
浮浪者になったあげく殺されてしまった悲しい話を思い出してはみるのです

お元気ですか
お母さん、パンツのはけない留置場は寒いです
水洗便所の流す音がうるさくてなかなか寝付けないので
犯罪者はいつもこっそりセンズリをかくのですが
「おかげであなたの夢ばかり見る」と取り調べ室でしゃべったら
刑事はさもうれしそうに「親孝行しなけりゃいかん」と
昼飯にカツ丼をおごってくれたのですが
タヌキウドンの方が食べたくて「父親は嫌いだ」と言ったら
自衛隊かぶれの隣のやくざが真紅になって怒り出し
「贅沢は敵だ」などと勝手な事をほざいたので
「おまえなんか生まれて来なけりゃ良かったんだ。この貧乏人め」と
つい口をすべらしてしまったのです
お元気ですか
お母さん、いい加減あなたの顔は忘れてしまいました

膀胱炎にかかった時から　あそこを氷で冷やす快感を覚えてしまった僕は
お風呂が大嫌いになり　何枚も何枚もボロボロに皮が剝げ落ち
むきだしになった皮下脂肪のしつこさが耐え切れず
赤紫の玄関口で一人泣いていたんです
お母さん、もう一度アンパンが食いたい　正月に作ってくれた栗きんとんが食いたい
ブタ肉だらけの砂糖のたっぷり入ったスキヤキが食いたい
好き嫌いは庶民の恥です
お母さん、今朝から下痢が止まらないのです
お母さん、血管もちぎれてしまったみたいです
お母さん、血が止まらないのです　血が止まらないのです
お母さん、お母さん　赤い色は大嫌いです

オデッセイ・1985・SEX

やりたいか　そんなにやりたいか　腐るほどやってあきらめて　くたばりたいか
誰かが一生懸命だったわねぇと誉めてくれると思うか
この次からは　がんばろうと健気に反省するか
こんなもんだとたかをくって　安心したいか　見損なうのは親だけでたくさんか
死ぬ程　愛した自分がこんなにブスだったたと初めて気がついたか
知ったかぶりは余計なお世話だ　俺は　まだ知らないんだぜ
知らないのにやっちまったんだ　それでも知らないのは　ただのバカ
バカには薬が必要なんだわっていわれなかったか　ｂａｂｙ　プライベートな
死に方だってあるんだからして　なんでもいいから　カット　カット　カット
ｈｅｙ　ｌａｄｙ　男は犯しても犯罪は犯すなよ　ずるくなっても勉強はするなよ
羨ましくても命を粗末にするなよ　まちがったかわりに嘘はつくなよ　なよ　なよ

なよなよなよなよなよなよするのは　あそこだけだろう
速すぎるのは　優しいからだと　遅すぎるのは　欲張りだからだと
亀は万年どうにでもなる　ｃｏｍｅ　ｏｎ　ｂａｂｙ　ｗｉｔｈ　ｍｅ
死ぬ死ぬだけでご満足　王様だって裸になりたい　女の様に裸になりたい
メダカの様に戯れてみたいｓｅｘ見た目ばかりだｓｅｘオリンピックがやってくるｓ
ｅｘ
それ以上はカット　カット　カット　俺の言葉は唯のｓｅｘ言って済ませる楽しいｓ
ｅｘ
報われないから悲しいか　狸みたいに跳びはねたいか　明るいからステキよ
暗いあなたは嫌いです　私の根暗は親譲り　自己嫌悪は最悪だ　暗い部屋で自家中毒
節分でもねぇのに鬼は内　親の顔が鬼になる　青くなったら悲劇だ　赤くなったら
過激だ　黄色くなったらずるいぞ　私はその時失語症　真っ最中なら心身症
年をとったら健忘症　しょうがないのでお経を読んだら　俺は唯一人おっ立てて
さぼるのだけは得意な真っ昼間　俺のジャングルはうっそうとｓｅｘ赤字だらけでｓ
ｅｘ
無料放出サービス過剰ｓｅｘそれ以上はカット　カット　カット

俺の言葉は唯のｓｅｘ言って済ませる楽しいｓｅｘ　１９８５　１９８５
気をつけー　チャックをしめろーっ　馬鹿正直を直立不動と言うんだぞ
感謝感激雨霰　哀れな程にズブ濡れだ　それでも決まって父兄同伴よいこのｓｅｘ
団体行動正常位くらノーマルばかりじゃつまんねぇので　天井向いてジグザグ行為で
追突したら　マラリア熱にうかされて　息子は反抗親父はビビッて責任取れずに
逃げ出した　生まれてなんか来るんじゃなかったよー　なんてふてくされても
ママのお肌はフライドポテト　気がふれて悲鳴を上げても　鳥肌が立つ程気持ち悪く
て
俺は唯の残飯だ　だからってそんなに豚みたいに食うなよ
俺の言葉は唯のｓｅｘ言って済ませる正しいｓｅｘ　１９８５　１９８５
１９８５年　ｓｅｘで身を立て名を挙げややもすると体はどう　言葉はナマり
激しい運動は充分気をつけ　健全なる性生活の知恵袋はどんどんふくらんで
今にも破裂しそうなのだが　いつまでも手を洗ってあそこを擦ってばかりいるわけに
はいかないんだ　ヘンタイ　組んだら負けるぞ
かわいい女は強欲だ　男はいつでもヒョットコだ　怒ったついでに脳震盪
この世の不幸は基本的人権の召集令状の　妄想ばかりで　デタラメは許されず

正義の使者は48手のタコ踊り　吸い付いたばかりに人間不信で神憑り
抹殺された言葉は不自由の女神のスカートの下に潜って　頭は性器　考える事は
とっくの昔にやめたんだsex海のようなお尻sex言い過ぎたら溺れてしまった
sex身を隠す場所もないsex羽根が生えたら蠅になるsex
臭くてどうにもたまらないsex学校なんて知らねぇよsexおまえは肉だんごse
x
隠したって無駄だぞsex　dogいれたらアカンベー
lucy in the sex is diamond sex1985sex
1985sex1985198519851985sexsexsex
それ以上はカット　カット　カット

誰かが寝ているような気がする

もうすぐ　帰るよ
もうすぐ　終るよ
だから　もうすぐ　オマエと……
誰かが　寝ているような気がする

誰だ！

俺の背中を叩くのは誰だ！
話しかけてきもしないのに誰だ！
勝手に踊って　腰をふって
おまえの頭をタテにするのは誰だ！

いくつになってもかまわない
責任なんて持てない　なるようになりすぎて
神経がヒリヒリ　カーテンがビリビリ
天井もボロボロ　喉の奥までグルグルと
飛び込んだら　あとは誰も知らない

食い散らかして逃げたのは誰だ！
今ごろスカートめっくてる奴は誰だ！
勉強しすぎて馬鹿になってもいいぞ！
のぞいてるだけで我慢してるの誰だ！

いくつになってもかまわない
責任なんて持てない　なるようになりすぎて
神経がヒリヒリ　どれがうまいと尋ねれば
石より固く　水より軽い　煙にまかれたお説教
ひとくち食ってみれば　あとは誰も知らない

親父もお袋も今夜は　どこかの誰かとアバンチュール
ｋｉｓｓしておくれ　愛の愛の家族
種馬のように熱いぞ

いくつになってもかまわない

責任なんて持てない　なるようになりすぎて
神経がヒリヒリ　どれが効くかと尋ねれば
今日より明日　明日の昔　死んでからもまだ生きようと
願ってみれば　あとは誰も知らない
取り残されて馬鹿をみるのもいいぞ
食い散らかして逃げたいのはやまやまだ

勝手に踊って　腰をふって
おまえの頭をコケにするのは誰だ！
誰だ！　誰だ！　誰だ！
俺の背中を叩くのは誰だ！
ダレだ！　ダレだ！　ダレだ！
誰だ！　誰だ！　誰だ！　誰だ！

父よ、あなたは偉かった

父よ、あなたは偉かった。ボクにはもう、一片のユートピアも残されてはいないのです。憎しみ合うことにしか、生きてる実感が感じられない、この貧相な体を、ネズミの餌にだけしておくのは、もったいないと、チヤホヤされるたびに手をこすり合わせて神頼み、神経質な潔癖症の女子高生の真紅なトサカのような陰部に、何度も何度も頭を突っ込んで、おしげもなくしぼり出した精液を、結婚式のウエディングケーキの生クリームの中に塗り込んで、あなたの夢みた人生の幸福を、参列者全員で祝福するのは実に白々しいと、今にしてボクは思うのです。

父よ、あなたは偉かった。傷口から、ウジ虫がムクムクと湧き出して、それが真っ白いゴハン粒に見えてしょうがなかった地獄の戦場から舞いもどり、平和を謳歌する建て売り住宅街の一本道で、ヒソヒソ話をする中年ババアの口の中に、役に立たなくなった領収書の固まりを無理矢理押し込んで、今夜の夕食のおかずはきっとサンマの南蛮漬けだと心を踊らせながら、足早に帰る姿を、こっそり誰かに見られたのではないかと、ついつい不安になってしまい、登校拒否症の息子をかかえた不幸な一家が金属バットで血塗られたニュースを、まるで他人ごとのように憐れむ妻のたれ下がった尻に、フロフキ大根の空虚さを感じているのをボクは知っているのです。

ナショナル勃起　ナショナル勃起
ナショナルキッドのオチンチン
ユーゴスラビア　ユートピア
悪魔の描いたユートピア
ナショナル勃起　ナショナル勃起
ナショナリズムのエゴイズム
バナナのチンチン　バナナのチンチン
皮をむいたら腐りだした

父よ、あなたは偉かった。小学校しか出ていない故の人生の悲哀を、決して自分の子供には味あわせてはいけないと、コツコツ貯め込んだ郵便貯金通帳の裏側に、もう何も残されてはいないと気がついた真昼間に、ニキビ面をした暴走族の一団が、口笛を吹きながら大通りのまん中で、パトカーといたちごっこをくり返す様を見て、動物園のヘビのようにおとなしく、生殖することさえ忘れてしまった痴呆症の老後を、たった一人で過ごさなければいけないんだと、固く心に誓う淋しさを、押し入れに大事にとってあるアルバムに貼りつけることは出来ないんだと、年がいもなくメソメソと涙腺をゆるませているのは、実に情けないことではないのです。

愛国幻想！　愛国戦争！

父よ、あなたは偉かった。ボクのおこした数々の親不孝を、「昭和」の悲しいメモリアルなどと言わないで下さい。美空ひばりが「悲しい酒」を唄うたびに流した涙の一しずくを、自分の過去とすり替えて、場末の安酒場でのみ込んだ後で放尿する快感は、何ものにも替えがたいと告白するあなたの正直に、日本の庶民のつつましさを見た、と批評する評論家のいいかげんさを、手っ取り早く抹殺したくて、止めるのも聞かず一目散に家を飛び出してかけ込んだ書店に丸尾末広の「ナショナル・キッド」と

「少女椿」が山のように積み上げられていて、セーラー服を着た女子高校生の一群が、「キャー!」「ウソーッ」「ねぇ、見て見て!」「マジーッ?」と叫びはしゃいでいる光景を目の当たりにして、ボクは思わずにはいられませんでした。

昭和は遠くになりにけり

父よ、あなたは偉かった。鼻クソをほじるように快楽を持てあそび、ティッシュペーパーで精液を拭い取るように悲劇を使いすて、しっぽのはえた知恵おくれの子供の未来に、一寸先の闇も残してはいけないと、消毒液でツルツルにみがき上げ、年をとるごとにブクブクと肥えていくオフクロの皮下脂肪を嘆くあまりに、ニシンになりたい、ニシンになりたいとこぼしながら、ポリポリと数の子をむさぼり食う正月の神棚に、今年こそは人類が破滅しますようにと祈りをささげるわびしさを、あなたといっしょに感じたくて、ボクはとうとうやってきたのです。

父よ、あなたは偉かった。ボクには一片のユートピアも残されてはいないのです。

ナショナル勃起　ナショナル勃起

ナショナルキッドのオチンチン
ユーゴスラビア　ユートピア
悪魔の描いたユートピア
ナショナル勃起　ナショナル勃起
ナショナリズムのエゴイズム
バナナのチンチン　バナナのチンチン
皮をむいたら腐りだした

パティ・スミスの『ラジオ・エチオピア』が聞こえる

パティ・スミスの『ラジオ・エチオピア』
が聞こえる
天使の羽根がメラメラと燃え上がって
不安な夜がオレンジ色に輝くとき
瞳孔は虫の死骸の爆発
脳下垂体は宙ぶらりんの無責任放尿
ボクは古典的な過ちを犯そうとして
包帯と消毒液だけはしっかりと離さないで転げ落ちた
善男善女
一匹狼
登場人物はすべて化粧ずくめだったけど

石灰岩でできている胴体と
オリーブの枝でできている手と
円柱の鉄骨でできている足と
プラスチックの頭蓋骨
生ガキの脳みそ
ぬめり付く塩味の後悔だけを隠し切れず
血も流さずに死んでいったけれど
拍手は鳴り止まず
ヒーローは笑顔で両手をひろげ
ヒロインは両手で股をひろげ
産み落とした子供の大きさに
場内騒然となって大爆笑
色鮮やかなパンティ・ストッキングが
次々とステージに投げられる様は
遊園地の池に泳いでいるカモのようで
ブワブワと人の波の上を漂っている

むしり取られたカツラ
悲劇は喜劇の使い捨て
喜劇は政治の使い捨て
政治は人間の使い捨て
人間は悲劇の使い捨て
めくるめく愛憎の果てに
一本の杭をぶち込んでしまいたい欲求をどうすることもできず
下半身だけは未だに〝革命！　革命！〟と叫びたがっている品のない衝動
税金ドロボーと呼ばれた昨日の羞恥心とまるでかけ離れた厚顔を
「今夜のごちそうの〝地鶏の水炊き〟と一緒に煮てしまえ」と命令しても
「そんなもったいない事はできません」と
口の臭くなった世話女房がヒステリー
「ニンニクの食い過ぎだぜ！　そりゃあ」
言動に似つかわしくなく美少女の一人娘は常に哲学的であるべしと
ロマンチックな正常位の裏に潜む
背徳の調べをさもおいしそうに奏で

飲み干したスープ皿の中に一滴の血の混じった唾液を残した行為を
惜別の情と証言する
被告代理人のうしろめたさを
弁護する事は誰にも出来ないと
マスコミが吹聴するたびに
家庭内暴力は陰惨化を極め
金属バットからトリカブトへ
トリカブトからゲームセンターへ
ゲームセンターから天国へ
追い回されたあげくの
親子心中　一家離散　仏滅崇拝
村は八分で息が詰まると
夜逃げから世逃げへとひた走り
ハーメルンの笛吹きよろしく
街から街へホラを吹きまくり
連れ去った子供の死骸をネズミに食べさせて処分した極悪非道の限りを

クスリに溺れて堕落した若者だけがこっそり見つめていた昼下がり
映画の決闘シーンよろしく
拳銃と注射器　原爆とエイズ
背中合わせのカウント・ダウンにおびえ
穴を掘るモグラのように
アンダーグラウンドへアンダーグラウンドへと頭をつつき合う暗い時代に
「オレの宇宙は出ベソの中にある！」と
高らかに宣言した生グサ坊主の説教を丸飲みにしたような無邪気な信者達
舗道は象の群れが通り過ぎたあとの余韻で
クソ臭く
ひきつけを起こした赤ん坊の泣き声で
苛立つ母親のびんぼーゆすり続発
直下型大地震の前触れだと
天地大異変を予言する〝納豆占い〟の心霊ババアを
真っ赤な箸でグルグルに引っかき回して
プラチナブロンドに輝くオゾンの彼方

北極星の丸裸
皮膚からジワジワと浸透して
死に取りつかれたシミとなって
キミの顔を襲い
シワだらけ　アバタの園には
黒い水仙が咲き乱れているという伝説
言葉の数珠
どこまでもどこまでもただ延々と広がっているだけかと思いきや
忘れられたはずの歯が2〜3本
石器時代の矢ジリのごとく転がっていて
野ウサギの足跡の化石
恐怖は終わっていく事の中にある
戸を叩く奴は誰だ！
キツネとタヌキの化かし合い
花嫁とアル中男のスウィートルーム
レースのカーテンで首を絞めつけ

泡を吹いたほうから先に自慰を開始
朝が来たのも気付かないまま
失神していた
どちらもパンツをはいていなかったのはあたりまえ
花嫁は口にまでパンツを押し込まれ
逃げまどった痕跡は無く
縛られていた痕跡も無く
まるで自ら押し込んだ気配さえ濃厚で
ただ湯気の立った事実だけは抹消されていた
「状況証拠は感情的になっちゃいけません」
裁判官の妄想は懲役2年執行猶予5年
原告勝利の判決は
茶の間で鼻クソをほじくってTVを見てる奥さまの目には映らず
ただひたすら変身願望
刺身か煮付けかまよっているうちに
さっさとカラ揚げ!

骨までかじれる栄養満点！
運動量抜群の優良品種！
「アンドロイドじゃありません！
正真正銘の純粋培養された当社自慢の新顔は
皆さまの懐具合に合わせた手頃なお値段です！」
ウソつき広告の常套手段はいつもこうだ
正義と純情　新製品にどうしてこうも弱いんだ
のどから手が出るほど欲しがっていたゲームソフトにつられたか？
人生はゲームだと悟っておとなしくなったか？
家庭の愛の呪縛から逃れられなくて
行く手を阻む自制心から真っ先に切り落とした浅はかな男かオマエか？
空気の抜けたその阿呆ヅラに
犬がオシッコをひっかける真似をしてひんしゅくを買った
神世の時代から延々と続く
伝統的儀式の受け売りだと
さらにひんしゅくを買って

とうとう売るものが無くなってしまったのを幸いに
仏門にトラバーユ
牢獄はバスチーユ
海の底までノーチラス
泥をかぶった海底火山
東京湾からずっと遠くに離れて
ニキビのように吹き出した
青春のシンボル
「地球は生きているんだ！」と
今さらながら感動したのに
食欲は減退　時としてめまい
「もう、うんざりだ！」と言わんばかりにカッと目を見開いて
生殖器になったような日本列島の弓なりの中枢神経を逆なでするそのしぐさ
言葉はブーメラン
アボリジニイの智恵を拝借したまま砂漠を横断する快挙は
いわゆる故郷へのUターン現象をさらに勇気づける事とあいなろうとは

予測すらしない若いカップルの股グラ隙間からひょっこり顔を出し
「今夜はずいぶん冷え切っていますね」
と首をかしげて動かなくなった
ブリキ製の粗悪なオモチャ
目覚まし時計でない事は確かだが
カチカチと音がするところをみるとまるで時限爆弾のさえずり
キノコの嘆き
昆虫共のうたたね
世界が一瞬にして蒸発する至福の時を
「いいかげんにしてよ！」と冷たくあしらう
女中頭の太った女の胸元に
キラリと光る〝労働の汗〟が
この世を生きのびさせる最高の秘薬であると
仙人のごとく空を食べ
停滞する雲を霞と見定めて
命乞いする様子もなく

プライベートな野たれ死に
ひからびた風葬
魂は風に宿って
谷から山へ　山から宇宙へ
真夏の夜の大脱走
満月の影が青白く光っている
ユーラシアの草原の幻影を見つけた
殺伐は夕日のようで
快楽は雪のようだ
聖域に足を踏み入れて盗み出したオマエの腐った心臓
スーパー・マーケットの商品メニューと何ら変わらないあたりまえさが許せない
自業自得の憂鬱
市民社会絶対崩壊！
少数民族は立ち上がるべし！
遺族は全員起立して涙すべし！
はち切れんばかりのマンホールを飲み込んで

ドブ臭い下降思考
洗浄機能は頼りにならず
毛玉のように縮こまって、乾き切って
むしり取られることもなく
ひっそりと陰毛の隙間にしがみついて
アンモニアの憂鬱に同化する自分がガマンならず
ガスの元栓は貞操帯で閉めるべし！
TVのニュースに覆面をしろ！
産みそこねた赤ん坊にKISSをしろ！
HELLO！ HELLO！ HELLO！
ボクハゲンキデス……

詩

十九才

十九才の夜、オレは「連続射殺魔永山則夫」のニュースを見て、夢にうなされた。

「同じ歳だ！」

「危険な十九才」。街中でもっともやっかいな十九才は、その晩眠れなかった。

「オレのピストル！　オレのピストル！」

油切った手の内側で、犬の舌になった欲望をしっかりとにぎりしめ、しめきらない口からは、今にもヨダレがたれそうで、オレはうなされた。

「パンツをはいていないのか？」

まるでTVドラマのクライマックスの逆光シーンのように、全てがヒラヒラしていた。フリルを握りしめる少女の嫌悪感。ズタズタに切りきざんだ、布切れを手首にまいて少女は自殺、少年は、殺人、と「未知との離別」を走り脱けてきた刺青のような脳ミソ。突然日本中がジャングルになった。何発タマは残っているんだろうか？

「オマエのアソコは万国博覧会《バンパク》——ドリアンの果肉、ウンコとバターと生ミルク、そして砂糖をたっぷり……」

「ゲップが出るぞ！　ゲップが出るぞ！」

タクシー運転手が握りしめた免許証には、小学校に入学した娘の写真がしっかり入っていたのだが、穴があいていた。フトン屋のオヤジが、頭からかぶったかけぶとんは、夏だったのが、不運なことに、やっぱり穴があいていた。オカマのお兄さんの耳には、割りバシをひっかきまわしたような、でっかいピアスの穴があいていた。まさに芸術的な穴。

穴というあなに国旗をさしこんで、ベトベトにこねくりまわした「国連ケーキ」を仕上げたら、あとはカンタン、プラスティックバクダンを仕掛けろ。」これが、事件以後、過激派テロリストが命題とする相コトバになった。

「穴をあけて穴うめだとおおおお……」それが「正義の始り」だった。銃声を聞いたやつは、何人いたんだろうか、

「やっぱりパンツをはいていないのか？」

「オレはいつもこうなんだ！」

倫理がいつも反自然なように、正義はピストルのオヤダマ。美少女もやがてクソババアになるように、恋はいつもデカメロン。そうしてオレはパンツをはいてない。誰も文句をはさめないだろう。だってオレは、犯罪者なんだ。おまけに十九才。「少年A」は、ひげづらで、もうセンズリだけは卒業しようと、オフクロのくれた、黄ばん

だハンカチをティッシュペーパーがわりに使い捨て、そして黒々と重く光ったピストルを両手でふところにしまい込んで、まず、逃げた。

途中で食べたのは、汗をかいてベタベタになった、メロンパンニヶ。

「アンパン」が食いたい！

新宿は楽しい殺人街だった。

トコロテンノウマイミセ

ここのトコロテンはうまい。
一億二千万回食ってもうまい。
くそ暑くて湿気の多いこんなところじゃ
トコロテンになるしかない。
酢っぱいのがいいな。
黒ミツはゲテモノだ。
押し出し式に出てきたんだ。
あっというまに消化された。
体にもいいってさ。
妊婦なら大喜びさ。
トコロテンノウマイミセ。

だけどそれがみつからない。

ダーク・ランド

絹雨がからみつく、防波ていの先っポにつっ立って、足元に近づいては遠ざかる、深緑色した波の中に、永遠のダーク・ランドがあるような気がした。

一九九一年一月一日元旦、ボクは、氷ったヒトデのような姿で、へばりついて、海をみつめていた。ちょっと気を許せば、頭から先にずり落ちそうな風のいたずらと、無器用にかくとうする良質の海綿体が、美しい物語を生みだす可能性は、どちらにころぶかだという、バクチもどきの単純さだったとは、思いもかけぬ不親切さに、ア然とするのは現実が太宰治のような顔をして、誘いに来るからだ。

ボクは何時間も眠りたかった。ヒトデの夢も見てみたかった。ダーク・ランドに同化したかった。雨にさようならを言って、とびだしたんだ、魚のように、その体をくねらせて、寝言で、愛をささやきたかった。

未収録エッセイ

父が死んだ

3週間前、父が死んだ。今頃になって、やっと文章に出来る気分になったかも知れないけど、とりとめもなく書こうと思った。

火葬場は、満開の桜だった。桜の谷間にあった。風は無くて、煙突からの煙は、まっすぐに上がっていた。銀鼠色。でも時々、真っ黒い煙が出る。それは柩に入れた、思い出の科学製品が燃えている時なんだってと、伯母さんがつぶやいていた。陽射しは暖かく、つい先日までの冬のような空気がウソのようだった。今年の春は寒くて、桜が咲くのが、2週間も遅れたそうだ。まるで父が永眠するのを、待っていてくれたみたいに、いっせいに咲きはじめたんだね、と語りかけたい気分だった。

僕の田舎の街には、火葬場が一つしかなく、昔はここではなく、現在、新しい小学校が建っているあたりにあったはずである。葬儀屋も一つしかないそうだ。人口3万の小さな街にはそんなものなのかも知れない。

遺骨が骨になるまでの小一時間、やり切れない雰囲気というより、何かあきらめがついたような、ホッとした様子が出席した人たちの顔に出ている。待合室ではのどかな思い出話があちこちで花ひらいている。お酒も出ているので、ホロ酔い気分のおじさんもいる。

ボクは父の親戚の中では一番年上のいとこお兄さん（といっても、50代半ばだけど）と話をした。父の実家の長男で、昔よく、夏休みに遊びに行っては遊んでもらった。家の裏に川が流れていて、ボクはそこでいつも釣りをしていた。ボクの街より、さらに山奥に行った、阿武隈山地の山合いの小さな田舎だが、子供の頃のボクにとっては、天国のようなところだった。本当によく釣りばかりしていた。エサは蜂の子で、これがよく釣れた。ミミズより断然食いがいい。石の下に手を入れて、手づかみで魚をとることもできた。魚は腹からさわると、意外と鈍感なのである。もっと上流に行くと、岩魚やヤマメもとれた。でも、獲ってきた魚は別に自分で食べるわけじゃないけど、その日の夜には、伯父さんの酒のさかなになっていた。

でも、この思い出の川は、もう護岸工事ですっかりコンクリートの河岸になっていて昔のおもかげは全部ないそうだ。魚もほとんど釣れなくなったらしい。ボクは、父の田舎に行かなくなったのは中学以来だから、もう30年以上もたつ。そりゃ変わるはずだよ。

そんな話をしているうちに、火葬は終わった。出てきた父の遺体は、すっかり骨だけになっていて、火葬場のおじさんが骨を拾うために、せっせと仕訳をしている。その作業しながら「これは喉仏です」とか、「いやぁ、ちゃんと頭の骨も残ってますね」とか「親族の方は順番にならんで下さい」とか、まるで学校の先生のように振舞っていた。あまりにも、リアルな状況では悲しいとか、怖いとかいう感情を通り越して、皆、たんたんと骨を拾っている。出席者全員が拾い終ると、残った骨は小さなホウキで掃き集められ、骨壺の中に収められた。人間一人分の骨が、あんな小さな壺に入りきってしまうのは、不思議なものである。

ボクの田舎の葬式は、普通東京でやるやり方と違っている。〝通夜〟のあと〝告別式〟、そして〝出棺〟、最後に〝火葬〟なのだが、こっち（二本松）では〝通夜〟のあと〝火葬〟それから〝告別式〟なのだ。今回初めて、自分の肉親の葬式でそれに気がついた。どうして順番が違うのか、その理由はわからないが、最近では、田舎でも郡山や福島のような大きい都市では、東京風？になってきているらしい。東京では、

〝告別式〟と並んで〝通夜〟が大きな比重をしめている。それは、ほとんどの人がサラリーマンで、昼の葬儀にはなかなか時間の都合をつけにくいので、夜行われる〝通夜〟の比重が〝告別式〟と同じくらい大きなものになっているのだそうだ。

告別式は檀家になっているお寺で行われた。子供の頃、お彼岸や、お盆のときの墓参りの記憶がよみがえる。お盆のときは、〝迎え火〟といって、皆、手に手にちょうちんを持って、夜墓参りに行くのだが、子供にとっては、一種の楽しいイベントだった。広大な墓地は、あちこち沢山のちょうちんが揺れていて、その中をホタルが飛んでたりもした。

死んだ人の霊が、ホタルになって帰ってくるんだよ、とよく言われたが、子供にとっては気持ち悪い話でしかなかった。今では、ホタルなんてもういないし、お盆といっても親戚中が集まって墓参りをすることなんてやらなくなったらしい。

しかし、お寺の本堂の中というのは、どうしてあんなに、金ピカなんだろう。とにかく金と黒ばかりである。天井からつるされている巨大な金色のシャンデリアみたいなやつから、いたるところ金色である。権威づけというか集まった人々に、現世を忘れさせる荘厳なイメージを与えるには、金色が一番てっとり早いのかも知れない。

ちっともありがたみを感じれない坊主のお経を聴いていると、仏教が本来の宗教から、ただの葬式仏教に成り下がっているのが、よくわかる。きっと頭の中はお金の勘定ばかりしてるんだろうな。一人死んだら戒名がいくらとか。

父は83歳でなくなったので、友人はほとんど老人ばかりである。第二次大戦をいっしょに戦った戦友の弔辞を聴いていると、地獄のような戦場をさまよいながら、結ばれた友情というのは、独特のものがある。まともに葬式が出来ることの幸せというのは、きっとそういう体験をした人にしかわからないのだろう。

ボクは、別に何の宗教も信じてないから、自分の葬式がどういう風に行われるのかはわからないが、ただ、このお寺の墓地に入れられるよりは、海にでも骨をばら撒いてもらった方がいいなとつい思ってしまった。

それにしても、うららかな春の日だった。山盛りの花を供えられた、山の上の墓地からは、眼下に街が一望のもとに見渡せて、近くの小学校からはざわめきが聞こえる。あちこちに満開の桜が花ひらき、きっとどこかの桜の木の下では花見の酒宴が行われているのだろう。

きっと父は安らかに永眠できたに違いないと思った。

未収録エッセイ

パティー・スミスがやって来た

絶対に来ることはないと、あきらめていた、パティー・スミスが、来日することになったと知ったときのボクの驚きと、喜びは、背中をゾクゾクとかけ登った。1997年は年明けそうそういいことがあるわいと、お年玉をたくさんもらったガキのような顔をしていたに違いない。

初めて「ラジオ・エチオピア」を聴いた77年頃から、20年。恋してから20年目で初めて会える恋人を間近にして、ボクは、再び「ラジオ・エチオピア」に針を落としてみた、ドキドキしながら。

思えば、ボクは、パティー・スミスに出会わなかったら、スターリンをやっていただろうか。実は、パンクとの出会いも、まずパティー・スミスからだったのだが、ピストルズやダムドはもっと後である。でもボクにとって、パティー・スミスはパンクの枠を超えて、もっと大きな存在なのだ。「うた」そのものといってもいいくらいだ。

初日（1月8日中野サンプラザ）、ライブは、詩の朗読から始まった。ボクはその「声」を聴いたとたん、金縛り状態、もちろん、背中ゾクゾク。どうも「PEOPLE HAVE THE POWER」の一節らしい。そして、そのまま、「PEOPLE HAVE THE POWER」の演奏に入った。いるいる、大好きなギタリスト、レニー・ケイもいる。

20年間の幻想がまたたくまに、すばらしい現実に変わっていく。「なつかしさ」とかの情緒的な気分などみじんも感じさせない、力強い、現在進行形のパティー・スミスがそこに居る。ついこの前に来日したセックス・ピストルズとはえらい違いだ。本当に、8年ぶりの復活なんだろうか。50歳になったばかりだっていうのに、まるで黒豹のようにしなやかな「声と体」にボクは呆然と見とれていた。いや聴きほれていた。

唄いたいからこそ、ここに居るという、圧倒的な存在感は、ボクを打ちのめす。まったく、何度でも打ちのめされたい気分だ。彼女には、身近におこる不幸な出来事さえも、哀しんでいられない、表現者の宿命ともいうべき、強い意志が感じられる。それが少しも宗教的な臭いを与えないのは、ある種のさわやかさにまで思えてくる。見事だ。

ボクは昔から、一度でいいから、パティー・スミスと同じステージに立ってみたいと夢みているけど、それは今でも変わらない。彼女と、そして、ボクが唄い続けている限りは。

遠藤ミチロウバイオグラフィー

本名　遠藤道郎

■1950年

11月15日、福島県二本松市に生まれる。少年時代は三橋美智也を愛聴し、高村光太郎の詩を愛読。

■1966年（16歳）

福島県立福島高等学校に進学。ブルー・コメッツに影響され、フルートを吹くなどする。文化祭でフォークグループを結成し、そこでもフルートを吹いた。福島出身のメンバーがいたザ・カーナビーツの凱旋公演を聴きに行きショックを受け、ロックに傾倒。ザ・ドアーズにのめり込み、ジム・モリソンの影響を強く受ける。また同時期にジャックスを聴き、衝撃を受ける。

■1969年（19歳）

山形大学に進学。フォークブームを受けてお金を貯めてアコースティックギターを買い、ジャックスのコピーバンドを組む。学生運動にも参加するが、セクトの体質が肌に合わず離脱。『高村光太郎』をきっかけに吉本隆明の本に出会い、その思想に多大な影響を受ける。この頃より旅行好きとなり、ヒッチハイクで山形から九州まで旅行に出かけるなどしていた。

■1971年（21歳）

頭脳警察を大学祭に招くなど、イベンターとしてコンサートを主催・企画することを始める。「みちろうプロ」「既知外フォーク収容所」などの名義を使用した。

■1972年（22歳）

ロック喫茶「ジェスロ・タル」の経営者となり、1年間経営する。8月、山形市霞城公園での野外フリーコンサート「まつり」を主催。出演は紅蜥蜴、あんぜんバンドなど。11月4日、フォークコンサート「霜月」を主催。出演は遠藤賢司、友部正人、ザ・ディランⅡなど。11月16日～18日、山形大学大学祭フリーコンサート「人のウンコに上下はない」を主催。出演はザ・ディランⅡ、南正人など。11月25日、「まつり」を共同主催したバンド「太陽爆弾」主催によるコンサートに「えんどうみちろう」として出演。

■1973年（23歳）

9月、嵯峨直恒の自主製作盤『ひとりよがり』に参加。アコースティックギター、作詞、ジャケットイラストなどを担当。既知外フォーク収容所が発売元となりリリース。

■1975年（25歳）

大学卒業と同時に1年間、ネパールなど東南アジアを放浪する。

■1976年（26歳）

アジア放浪から山形に戻る。その際、旅に出る前に同棲していた恋人に振られる。このことをきっかけに、失恋の詩を書き、ライブで歌い始める。地元バンドと自身も出演した県民会館大ホールでのコンサートを主催。この頃は、後に山形市のカフェ「ストリート シャッフル」の店主となる鏡正孝、後に自閉体を結成しザ・スターリンにも加入する尾形テルヤと3人でシクラメンの花を売り歩くなどして食いつないでいた。その後、歌うために上京。

■1977年（27歳）

渋谷のライブハウス「アピア」にてアコースティックギターを抱えて歌い始める。アピアのオーディションでは「電動こけし」を歌った。

■1978年（28歳）

渋谷アピアにて友部正人が日替わりゲストを迎え1ヶ月間連続ライブを行った企画「ぼくの献立表」にて、アピアのスタッフとして手伝い、また「アピアバンド」の一員として友部のバックでベースやハープを演奏する。

■1979年（29歳）

パティ・スミスなどのニューヨーク・パンクの影響を受け、「コケシドール」「バラシ」「自閉体」と次々とバンドを結成しては解散する。

■1980年（30歳）

6月、パンク・バンド「THE STALIN」を結成。オリジナル・メンバーは、遠藤ミチロウ（Vo,B）、乾純（Dr）、金子あつし（G）。▼7月、渋谷「屋根裏」（昼の部）でライブ・デビュー。▼9月、自主制作レーベル「ポリティカル」を設立、ソノシート盤『電動コケシ／肉』（ポリティカル）にてレコード・デビュー。

■1981年（31歳）

4月、2ndEP『スターリニズム』（ポリティカル）発売。ステージから豚の生首や臓物を投げつけ、自らも全裸で客席に飛び込むなどの過激なライブ・パフォーマンスが口コミによって広まる。「変態ニュー・ロック・バンド」として女性週刊誌や新聞などにも取り上げられ、話題となる。▼12月、1stアルバム『trash』（ポリティカル）発売。プレスした2000枚は瞬く間に完売。当時の自主制作盤としては驚異的売れ行きとなる。▼同月、出演した映画『闇のカーニバル』（監督：山本政志）が公開。

■1982年（32歳）

3月、映画『爆裂都市（バースト・シティ）』（監督：石井聰亙／現・石井岳龍）公開。ミチロウはじめメンバー一同、劇中バンド「マッド・スターリン」として出演。他に出演は町田町蔵（現・町田康）、陣内孝則（ザ・ロッカーズ）、大江慎也（ザ・ルースターズ）、上田馬之助（プロレスラー）、平口広美（暴力官能劇画家）、泉谷しげるなど。▼7月、徳間音工（現・徳間ジャパンコミュニケーションズ）から、EP『ロマンチスト』、2ndアルバム『STOP JAP』でメジャー・デビュー。▼12月、初のエッセイ集『嫌ダッと言っても愛してやるさ！』（KKダイナミックセラーズ）出版。

■1983年（33歳）

4月、3rdアルバム『虫』発表。丸尾末広によって描かれた「怪傑黒頭巾」のピクチャー・レコードも話題になる。▼5月、後年ライブ盤として発売される後楽園ホールでのライブを敢行。2000人を動員。▼8月、ミチロウ責任編集によるソノシート付マガジン『ING,O!』（当局出版）創刊。創刊号のソノシートはウィラード。平口広美、谷岡ヤスジ、P.I.L.を特集するなどしながら、84年6月出版のNo.5まで続く。▼9月、非常階段との合体バンド「スター階段」のライブを京大西部講堂で開催。

■1984年（34歳）

3月、ミチロウ責任編集のカセット・ブック『ベトナム伝説』（JICC出版／現・宝島社）発売。後にLP、CD化される『ベトナム伝説』のオリジナル・カセットテープと小冊子（蛭子能収の漫画やミチロウ本人のエッセイ、糸井重里との対談などを収録）との合体本。▼7月、新たに設立した自主レーベル（B.Q. RECORDS）より、ソロEP『仰げば尊し』を発売。▼11月、LP『Fish Inn』を発売。▼12月、吉本隆明、蜷川幸雄、泉谷しげる、川崎徹との対談集『バターになりたい』（ロッキング・オン）出版。

■1985年（35歳）

1月、THE STALIN解散。▼2月、THE STALIN解散ライブ「絶賛解散中!!」を調布大映撮影所で敢行。▼3月、ソロ名義による12inchシングル『THE END』（東芝EMI／現・UNIVERSAL MUSIC）発売。▼5月、THE STALINの解散ライブ・アルバム『FOR NEVER』と解散ライブ・ビデオ『絶賛解散中!!』（監督：石井聰亙／現・石井岳龍）（共に徳間ジャパン）発売。▼6月、遺影集『THE STALIN 1980-1985』（撮影：石垣章、JICC出版）出版。キングレコードとソロ契約。▼8月、「グロテスク・ニュー・ポップ」をコンセプトとした新レーベル「G.N.P」を始動。「Michiro, Get the Help!」名義による、12inchシングル三部作『オデッセイ・1985・SEX』『アメユジュトテチテケンジャ』『GET THE HELP!』を発売。

■1986年（36歳）

5月、ソロ名義のLP『破産』（キングレコード）発売。蜷川幸雄演出によるNINAGAWA STUDIO公演『オデッセイ・1986・破産』に参加。▼8月、ビデオ『Hysteric To Eden』(SCANNING POOL)発売。▼12月、ビル・ラズウェルのプロデュース&リミックスにより、THE STALINのアルバム『FISH INN』（徳間ジャパン）を新装発売。ベースは、ビル・ラズウェル、ギターはソニー・シャーロックが担当。

■1987年（37歳）

「ビデオ・スターリン」、「パラノイア・スター」の2バンドを結成。ビデオ・スターリンのメンバーは一般公募によって集められた。▼6月、THE STALINのヒストリー・ビデオ『Your Order!』（徳間ジャパン）発売。▼7月、ソロ名義のLP『TERMINAL』（キングレコード）発売。演奏はパラノイア・スターが担当。▼8月、ビデオ・スターリンの1stビデオ『DEBUT!』（B.Q. RECORDS）を発売。ミチロウの対談と漫画のコラボレーション本『ビデオ・スターリンのチャンネル大戦争』（JICC出版）出版。対談相手は粉川哲夫や編集スタッフ、漫画はひさうちみちお、蛭子能収、丸尾末広、平口広美。

■1988年（38歳）

4月、ビデオ・スターリンの2ndビデオ『LOVE TERRORIST』（B.Q. RECORDS）発売。▼9月、ビデオ・スターリンとしては唯一の音源となった

『MINUS ONE』（B.Q. RECORDS）発売。

■1989年（39歳）

1月、新生「スターリン」結成。デビュー・ライブは和光大学の粉川哲夫教授のゼミの期末試験。ライブを見れば単位が取れるという画期的な試験だった。テレビでも報道され、マスコミを賑わせた。▼2月、アルファ・レコードより1stシングル『包丁とマンジュウ』、1stアルバム『JOY』を発売（以降、スターリンの作品は全てアルファ・レコードより）。▼7月、ビデオ『P.』、9月、2ndシングル『勉強ができない』を発売。▼10月、2ndアルバム『STALIN』を発売。▼12月、3rdシングル『90's センチメンタルおせち』を発売。ベルリンの壁崩壊後、ミチロウは単身東欧へ。東ドイツ、ポーランド、チェコを巡る。

■1990年（40歳）

7月、スターリンで東欧ツアーを敢行。東西ベルリンのライブハウスやポーランドのロックフェスティバルに出演。ツアーレポートは『週刊ＳＰＡ！』『ヤングサンデー』などに掲載され、10月にはビデオ『最後の赤い夏～STALIN CALL IN EAST EUROPE』として発売された。▼9月、4thシングル『真夜中のオモチャ箱』、3rdアルバム『殺菌バリケード』発売。

■1991年（41歳）

7月、5thシングル『WILD GHETTO』、4thアルバム『STREET VALUE』発売。▼12月、ライブ・アルバム『行方不明～LIVE TO BE STALIN～』発売。同月、単身渡米。アメリカ（サンフランシスコ）でライブ。バンド・メンバーは現地調達のアメリカ人。インディアン・ホピ族の居住地のアリゾナでもライブ。

■1992年（42歳）

夏、ホピの聖地ビッグ・マウンテンで行われるサンダンスを体験するため、単身再び渡米。▼12月、5thアルバム『奇跡の人』、6thシングル『ライド・オン・タイム』（山下達郎のカバー）発売。『奇跡の人』収録の「インディアン・ムーン」は、サンダンスの時、ホピの集落で制作したもの。オリジナルテープを聖ビッグマウンテンに埋める。「奇跡のツアー」を行う。▼同月、ホピの集落でクリスマス・ライブを行うため、高橋和也（ex. 男闘呼組）と共に3度渡米。

■1993年（43歳）

スターリン活動休止。アコースティック・ソロとして新しい活動を展開する。▼7月、カセット『死目祟目』（DA・RI・DA）発売。

■1994年（44歳）
5月、詩集『真っ赤な死臭』（思潮社）を上梓。▼7月、アルバム『空は銀鼠』（AQUA RECORDS）発売。

■1995年（45歳）
終戦50年記念イベント「愛と死をみつめて」を敢行。ソロ活動と並行してニュー・バンド「COMMENT ALLEZ-VOUS?」を結成。メンバーは遠藤ミチロウ（Vo）、安達親生（B）、ナポレオン山岸（G/ex.ファントムギフト）、後藤マスヒロ（Dr/ex.The ピーズ）。▼8月、アルバム『50（HALF）』（北極バクテリア）発売。▼同月15日、終戦50年とTHE STALIN結成15周年を記念して、一晩だけの復活ライブ「死んだものほど愛してやるさ/THE STALIN 15」を行う。ミチロウ以外にTHE STALINのオリジナル・メンバーは出演できなかったが、今井寿（G/BUCK-TICK）、ナポレオン山岸、安達親生、HIROKI（Dr/叫ぶ詩人の会）、平野勇（Dr/マリア観音）などがバックを務め、ゲストヴォーカルで、大槻ケンヂ（筋肉少女帯）、仲野茂（アナーキー）など総勢15人以上が参加。アンコールでは「STALIN 28号」で登場。バックはTHE NEWSが担当。女装した不気味なミチロウは「女スターリン」と化す。▼9月、COMMENT ALLEZ-VOUS?のミニ・アルバム『愛するためにはウソがいる』（CITTA' RECORDINGS）を発売。▼12月、THE STALIN 15のライブ盤『死んだものほど愛してやるさ』（CITTA' RECORDINGS）発売。

■1996年（46歳）
3月、前年のイベントのライブ盤『愛と死を見つめて』（CITTA' RECORDINGS）を発売。アコースティック・ソロにて全国100本以上のツアーを敢行。

■1997年（47歳）
1月、南正人らが中心となって開催された「いのちの祭り」に出演。タイのチェンマイでライブを行う。▼2月、アコースティック・ソロのビデオ『GREENED』（北極バクテリア）発売。▼9月、アルバム『道郎』（北極バクテリア）発売。▼9月中旬から翌年3月まで『道郎』発売記念「お百度参りツアー」で全国100ヶ所を廻る。

■1998年（48歳）
10月、ソロ活動で出演した全国のライブスポットを紹介した画期的なガイドブック『音泉map150』（アスペクト）を出版。
■1999年（49歳）
4月、ライブ盤『愛と死を見つめて』の新装版『愛と死を見つめて'95』（徳間ジャパン）発売。ツアーは全国180ヶ所に拡大。
■2000年（50歳）
1月1日午前0時、アルバム『OFF』（北極バクテリア）発売。▼11月、2枚組新録アコースティック・ベスト・アルバム『AIPA』（北極バクテリア）発売。年間200本ライブ「ワンダフル200ツアー」達成。
■2001年（51歳）
1月、大槻ケンヂ、PANTA、QP-CRAZYなどによるスターリンのトリビュート・アルバム『365』（ポリドール）発売。▼2月、発売記念ライブ「THE STALINに捧ぐ」開催。21世紀最初で最後(?-)のTHE STALINの復活ライブとなった。メンバーは遠藤ミチロウ（Vo）、中田圭吾（Dr）、SUZUKI（G/PULLING TEETH）、KATSUTA（B/鉄アレイ）。▼7月、その模様をおさめたライブ・ビデオ『吐き気がするほどロマンチックだぜ！』（北極バクテリア）発売。▼同月、CD付全歌詞集『お母さん、いい加減あなたの顔は忘れてしまいました。』（ソフトマジック）出版。▼12月、THE STALIN『FOR NEVER』リマスター盤（いぬん堂）発売。
■2002年（52歳）
2月、タイのチェンマイで開催された「いのちの祭り」に出演。同時に石塚俊明（Dr/頭脳警察）とのユニット「NOTALIN'S」の活動がスタート。8月には、坂本弘道（Cello）が加わって3人編成となる。▼3月、中村達也（Dr/LOSALIOS）とのユニット「TOUCH-ME」で九州ツアーを行い、5月4日に春一番コンサート（大阪）に参加。8月16日には北海道の野外イベント「RISING SUN ROCK FESTIVAL」に出演。衛星放送（CS）で全国に放映される。▼6月、日韓共催のサッカー「ワールド・カップ」に対抗して、ホーム・グラウンドである渋谷アピアにて6夜連続ライブ「ミチロウ・ワールド・カップ」を開催。▼8月、大槻ケンヂとアコースティックツアー「納涼アンプラグダー」（関西）を行うが、ライブ終了後に吐血。同月27日、胃潰瘍のため入院となり、9月～10月のライブがキャンセルとなる。

■2003年（53歳）

1月3日、劇団「大人計画」、宮藤官九郎のバンド「グループ魂」のイベントに出演。▼4月、エッセイ集『嫌ダッと言っても愛してやるさ！２００３リミックス版』（マガジン・ファイブ）をＤＶＤ付で出版。▼5月、TOUCH-MEによる新録ボーナストラック入りの新装版『ベトナム伝説』（北極バクテリア）発売。イベント「53（ゴミ）になる日」を6月～11月まで毎月15日に行う。6月15日は大槻ケンヂ、7月15日は早川義夫、8月15日は頭脳警察、9月15日はカルメン・マキ、10月15日はグループ魂と仲野茂らをゲストに迎えた。11月15日（53歳の誕生日）はソロ弾き語りにてワンマンライブ。▼7月27日、「FUJI ROCK FESTIVAL」に出演。with渋さ知らズオーケストラ。▼8月、THE STALIN（１９８１～１９８５年）のライブ写真集『吐き気がするほどロマンチックだぜ！』（マガジン・ファイブ）出版。▼11月、吉本隆明氏との対談と新録入りのＣＤ「27日のラブソング」が付いた遠藤ミチロウ写真集『我自由丸』（マガジン・ファイブ）出版。

■2004年（54歳）

2月、NOTALIN'Sの1stアルバム『NOTALIN'S』（北極バクテリア）発売。▼3月、クハラカズユキ（Dr/The Birthday）とのデュオ「M.J.Q」を結成。▼10月、初期のTHE STALINのスタジオ・ライブをおさめたＤＶＤ付ブック『ザ・スターリン伝説――スキャンダル・スクラップ集』（マガジン・ファイブ）出版。

■2005年（55歳）

8月、5年振りのアコースティック・ソロ・アルバム『I.My.Me/AMAMI』（北極バクテリア）発売。▼11月、THE STALINの83年のライブ盤『絶望大快楽 LIVE at 後楽園ホール'83』（北極バクテリア）発売。▼同月、遠藤ミチロウデビュー25周年55歳5夜連続ライブ「MICHIRO 555 GO!GO!GO!」開催。M.J.Q、NOTALIN'S、ソロ、遠藤兄弟（ミチロウ&遠藤賢司）、TOUCH-MEで連続ライブを行う。M.J.Qに山本久土（G/MOST、久土'N'茶谷）が正式参加し、トリオ編成となる。

■2006年（56歳）

4月、55歳5夜連続ライブ「MICHIRO 555

GO!GO!GO!」の模様をおさめたDVD『Just Like a Boy』（テイチクエンタテインメント）発売。▼9月、M.J.Qの1stアルバム『unplugged punk』（徳間ジャパン）発売。新宿LOFT30周年イベントにNOTALIN'Sで出演。

■2007年（57歳）

2月、メジャー・デビュー25周年を記念した4枚組ボックス『飢餓々々帰郷〜遠藤ミチロウの軌跡』（徳間ジャパン）発売。同月、CD付全歌詞集完全版『お母さん、いい加減あなたの顔は忘れてしまいました。』（マガジン・ファイブ）出版。▼6月、エッセイ集『嫌ダッと言っても愛してやるさ！ 新装版』（マガジン・ファイブ）出版。▼10月、THE STALIN『STOP JAP』をマルチ・テープからニュー・ミックスした『STOP JAP NAKED』（いぬん堂）発売。

■2008年（58歳）

2月、GAUZEのHIKO（Dr）とのユニット「道彦」初ライブ。▼3月、COMMENT ALLEZ-VOUS?の一夜限りの復活ライブ。12年振りのライブとなった。メンバーは遠藤ミチロウ（Vo）、安達親生（B）、ナポレオン山岸（G）、平野勇（Dr）。

■2009年（59歳）

2月、映画『少年メリケンサック』（監督：宮藤官九郎）公開。居酒屋の店主役として出演。▼10月、非常階段、The原爆オナニーズとの合体バンド「原爆スター階段」に遠藤ミチロウ&久土'N'茶谷で参加。豚の頭や内臓や謎の液体が飛び交う強烈なライブとなった。▼12月、ベスト・アルバム『AIPA』（北極バクテリア）新装発売。

■2010年（60歳）

1月、寺山修司原作、蜷川幸雄演出の演劇『血は立ったまま眠っている』（出演：寺島しのぶ、森田剛、窪塚洋介など）に、公衆便所の脇で歌っているブルース・シンガーの役で出演。劇音も担当する。▼9月、原爆スター階段のライブをおさめたDVD『LIVE AT SHINJUKU LOFT 2009.10.10』（アルケミー／アップリンク）発売。▼11月、「遠藤ミチロウ生誕祭「Roll Over 60th」〜還暦なんかブッとばせ！〜」開催。M.J.Q、TOUCH-ME、NOTALIN'S、THE STALINISMの全バンドに出演。THE STALINISMのメンバーは、遠藤ミチロウ（Vo）、山本久土（G）、KenKen（B/RIZE）、クハラカズユキ（Dr）、中村達也（Dr）。▼12月、還暦記念のトリビュート・アルバム『ロマンチスト〜THE STALIN・遠藤ミチロウ Tribute Album〜』(Ariola Japan)、『青鬼赤鬼〜ザ・スターリン・遠藤ミチロウ還暦 & 30周年トリビュート〜』(北極バクテリア) 発売。▼同月28日、「COUNTDOWN JAPAN 10/11」に出演。

■2011年 (61歳)

1月、『ロマンチスト〜THE STALIN・遠藤ミチロウ Tribute Album〜』発売記念ライブ「吐き気がするほどロマンチックだぜ!!」、東京・大阪・名古屋公演を行う。「THE STALIN Z」として出演。メンバーは遠藤ミチロウ (Vo)、中村達也 (Dr)、百々和宏 (G/MO'SOME TONEBENDER)、KenKen (B)。大阪公演のみ別メンバー、遠藤ミチロウ (Vo)、中田圭吾 (Dr)、澄田健 (G/水戸華之介&3-10chain)、岡本雅彦 (B/ex.アンジー)。▼5月、3月11日に発生した東日本大震災とそれに伴う東京電力福島第一原子力発電所における事故を受け、大友良英、和合亮一とともに「プロジェクトFUKUSHIMA!」を立ち上げる。同プロジェクトが主催となり8月15日に「8・15世界同時多発フェスティバル FUKUSHIMA!」を開催。「オーケストラFUKUSHIMA!」の一員として、また「THE STALIN 246」として出演。メンバーは遠藤ミチロウ (Vo)、山本久土 (G)、KenKen (B)、クハラカズユキ (Dr)。

■2012年 (62歳)

3月、メジャー・デビュー35周年を記念して、THE STALIN の解散ライブ音源をマルチ・テープより完全復刻した『I was THE STALIN〜絶賛解散中〜完全版』(徳間ジャパンコミュニケーションズ)を発売。▼5月、フジテレビ系列のドラマ『家族のうた』(主演:オダギリジョー)第5話に本人役として出演。▼8月16日、福島県郡山市にてイベント「Hello!! 816!! (ハロー!! 廃炉!!)」を立ち上げる。郡山のライブハウス3ヶ所での同時多発ライブを敢行。THE STALIN 246 として出演。以降、毎年8月16日に開催。▼同月18日〜19日、福島県二本松市民体育館および浪江町応急仮設住宅集会場で行われた「浪江音楽祭2012in二本松」に出演。同イベントではミチロウのオーガナイズによりカルメン・マキ、遠藤賢司、AZUMIらも出演した。このとき、仮設住宅の住民からの要望により体育館内で開催された盆踊りの模様を見たミチロウは感銘を受け、その後、音頭など民謡にインスパイアされた活動へと発展させていく。▼9月、「お母さん、いい加減あなたの顔は忘れてしまいました。」(新録)を挿入歌として提供した映画『莫逆家族――バクギャクファミーリア』(監督:熊切和嘉)が公開。

■2013年(63歳)

8月15日、「フェスティバル FUKUSHIMA! 2013」にて、ミチロウが昨年の体験を元に盆踊りを提案、「納涼!盆踊り」として開催される。▼同月16日、福島県郡山市にてイベント「Hello!! 816 !!」に THE STALIN 246 として出演。メンバーは遠藤ミチロウ(Vo)、山本久土(G)、上田健司(B)、茶谷雅之(Dr)。▼10月、KAAT 神奈川芸術劇場にて開催された渋さ知らズ大オーケストラのイベント「天幕渋さ船~龍轍 MANDALA~」に THE STALIN 246 として出演。

■2014年(64歳)

2月、心膜炎で入院、手術。▼3月7日、ライブを再開。同月11日、木村真三(放射線衛生学者、獨協医科大准教授)主催の「福島の今を知るツアー」に参加。その後関わりを深めていくこととなる福島県いわき市川前の志田名《しだみょう》地区を初めて訪れる。▼7月1日、膠原病と診断され、入院。

■2015年(65歳)

3月11日、病気療養から復帰、ツアーを再開する。▼4月、入院中に書きためた詩をまとめた詩集『膠原病院』(アイノア)を出版、同時にアルバム『FUKUSHIMA』(北極バクテリア)を発表。▼5月、自身最後のバンド「THE END」を結成、大阪服部緑地公園での「祝春一番2015」にて初ライブ。メンバーは遠藤ミチロウ(Vo)、ナポレオン山岸(G)、西村雄介(B)、関根真理(Dr)。▼8月15日、アンプラグド民謡パンクバンド「羊歯明神《しだみょうじん》」を結成。メンバーは遠藤ミチロウ(Vo)、石塚俊明(Per)、山本久土(G)。福島県いわき市川前にて40年間途絶えていた「川前盆踊り」を復活させるべく、羊歯明神を率いて櫓に立った。羊歯明神のほか、伊藤多喜雄、めぐ留、PIKAらが出演。▼同月16日、福島県郡山市にてイベント「Hello!! 816 !!」に羊歯明神として出演。▼10月、初監督作品となるドキュメンタリー映画『お母さん、いい加減あなたの顔は忘れてしまいました』が公開。山形国際ドキュメンタリー映画祭、ニューヨークの日本映画祭「JAPAN CUTS~ジャパン・カッツ!」にて招待上映、韓国の堤川国際音楽映画祭ではコンペティション部門にて審査員特別賞を受賞。▼11月15日、THE END『0《ゼロ》』、羊歯明神『羊歯明神』（ともに北極バクテリア）、2枚のミニアルバムを同時発売。

■2016年（66歳）

2月28日〜3月6日、「ミチロウ祭り！〜死霊の盆踊り〜」を開催。ソロ弾き語り、映画上映の他、現行のバンド全てが出演。ゲストとして友川カズキ、ヒミツノコウドウ、盛島貴男、三角みづ紀、うつみようこ、PIKA、タテタカコ、木村真三、伊藤多喜雄、東北6県ろ〜る小（白崎映美＋伏見蛍）、リクオが出演。▼5月29日、「橋の下世界音楽祭 SOUL BEAT ASIA 2016」に「羊歯明神Jr.」として出演。メンバーは遠藤ミチロウ（Vo）、山本久土（G）、茶谷雅之（Dr）。▼7月22日、「FUJI ROCK FESTIVAL '16」に THE END として出演。▼8月14日、昨年に続き「川前盆踊り」を、場所を小白井に移して開催。▼同月16日、福島県郡山市にてイベント「Hello!! 816 !!」に羊歯明神として出演。

■2017年（67歳）

5月、監督第2作目となる映画『SHIDAMYOJIN』が公開。▼同月26日、「橋の下世界音楽祭 SOUL BEAT ASIA ZERO 2017」に羊歯明神＋竹舞として出演。▼7月2日、永瀬正敏によるポートレイト撮影の模様がTBS系列「情熱大陸」にて放送される。▼同月28日、「FUJI ROCK FESTIVAL '17」に「羊歯大明神」として出演。メンバーは遠藤ミチロウ（Vo）、石塚俊明（Per）、山本久土（G）、関根真理（Dr）。▼8月16日、福島県郡山市にてイベント「Hello!! 816 !!」に羊歯明神として出演。この年からイベントの締めくくりとして盆踊りコーナーが設けられる。▼同月、映画『お母さん、いい加減あなたの顔は忘れてしまいました』DVD発売。▼10月、日本パンク・ハードコアソフビ第1弾として『遠藤ミチロウ1982 過激ライブver.』が発売。▼11月、同第2弾『遠藤ミチロウ1982 革ジャンver.』発売。

■2018年（68歳）

4月、新ユニット「HAPPY ISLAND」を結成。メンバーは遠藤ミチロウ（Vo,G）、関根真理（Per）。▼6月、「橋の下世界音楽祭 SOUL BEAT ASIA 2018」に羊歯大明神とソロにて2日間出演。▼7月、HAPPY ISLAND＋ファンテイルにてライブ。▼8月、体調を崩し、入院。検査を受けたところ膵臓癌であると診断される。▼同月、映画『SHIDAM-YOJIN』＋特典ライブ映像『ミチロウ祭り』ＤＶＤ発売。▼11月15日、癌であることを公表。

■２０１９年

4月25日、永眠。

（遠藤ミチロウオフィス＝記）

初出一覧

第1章【1980年代初期】「玉ネギ病のあやしい幻覚」

「ストップ・ザ・日本人」思想でおまえも非国民　——「スコラ」1982年（スコラ社）
「美少女玉ネギ病」でみんなマゾヒスト
何だかんだと自分の不幸を売りものにしてさ

死にたくない!!　——「宝島」1982年11月号（JICC出版局）
オデッセイ・1985・キリシタン　——「東京おとなクラブ」1982年12月25日号
「クレムリン通信」オヤスミナサーイ、アザラシ諸君!!　——「アリーナ」1983年10月号

第2章【1980〜1985】「嫌ダッと言っても愛してやるさ！」

レコ倫
——『嫌ダッと言っても愛してやるさ！』1982年12月25日発行（KKダイナミックセラーズ）
DISCOMMUNICATION FOR FUTURE!　——「ZOO」1980年2月号
岩壁のストリート・ファイティングマン　——「TWIST&SHOUT」1981年
「金をかけて売れた音楽＝良い音楽」この公式を引き裂きたい。

割れた鏡の中から《その1》——「ロッキング・オン」1981年4月号（ロッキング・オン）
《その2》——「ZOO」1980年4月号
《その3》——「ZOO」1980年6月号
《その終り》——「ZOO」1980年8月号
——「ZOO」1980年10月号
公衆を犯す——「ロッキング・オン」1981年12月号（ロッキング・オン）
クソあるいはウンコ——『嫌ダッと言っても愛してやるさ！』
動物メニュー〔密猟〕小さいころ家では、犬やネコを飼ったことがない
——『嫌ダッと言っても愛してやるさ！』
冷蔵庫人間——『嫌ダッと言っても愛してやるさ！』
弾圧的欲情の陰り（排便編）——「DOLL」1981年2月号
（疾病編）——「DOLL」1981年4月号
革命的日常——『嫌ダッと言っても愛してやるさ！』
宮沢正一の〝うた〟——「DOLL」1982年2月号
豚——「DOLL」1981年6月号
ROCK SONG PART.1——「DOLL」1981年8月号
ROCK SONG PART.2——『嫌ダッと言っても愛してやるさ！』

第3章「カルチャーの瓦礫の中で」

――『バターになりたい』１９８４年12月25日発行（ロッキング・オン）

第４章【２０００‐２００３】マンガ解説TALK ABOUT THE COMICS

『銭ゲバ』ジョージ秋山――２０００年５月１日発行（ソフトマジック）
『日本列島蝦蟇蛙』ジョージ秋山――２００２年６月６日発行（ソフトマジック）
『教祖タカハシ』ジョージ秋山――２００３年１月８日発行（ソフトマジック）
『走る！』平口広美――２０００年11月３日発行（ソフトマジック）
『恥辱の刻印』笠間しろう――１９９９年５月２日発行（ソフトマジック）※未発表
２００３リミックス版　あとがき『嫌ダッと言っても愛してやるさ！』２００３リミックス版
２００７リミックス新装版　あとがき　２００７リミックス版

第５章　歌詞と詩

電動コケシ『ＳＴＡＬＩＮＩＳＭ』１９８１年＊
ロマンチスト『ＳＴＯＰ　ＪＡＰ』１９８２年＊
ＳＴＯＰ　ＪＡＰ　同右＊
ストップガール　同右＊

MISER　同右※
ワルシャワの幻想　同右＊
天プラ　『虫』 1983年＊
虫　同右＊
お母さん、いい加減あなたの顔は忘れてしまいました　『ベトナム伝説』 1984年＊
オデッセイ・1985・SEX　『オデッセイ・1985・SEX』 1985年＊
誰かが寝ているような気がする　『TERMINAL』 1987年＊
誰だ！　『JOY』 1989年＊
父よ、あなたは偉かった　『飢餓々々帰郷』 2007年※
パティ・スミスの『ラジオ・エチオピア』が聞こえる※　友部正人プロデュースによるポエトリー・リーディング・アルバム—no media 1

＊は詩集『真っ赤な死臭』（思潮社　1994年）、※は『遠藤ミチロウ全歌詞集　お母さん、いい加減あなたの顔は忘れてしまいました。』（ソフトマジック　2001年）を参照した

十九才　詩集『真っ赤な死臭』のための書き下ろし
トコロテンノウマイミセ　同右
ダーク・ランド　同右
父が死んだ　「レニングラードパラダイス——遠藤ミチロウFUN CLUB通信」 1996年5月

パティー・スミスがやって来た　同右　1997年3月15日
遠藤ミチロウバイオグラフィー　遠藤ミチロウオフィスによる書き下ろし

12頁以降の写真は本文庫版で収録。

解説　遠藤ミチロウと遠藤道郎

石井岳龍

この遠藤ミチロウエッセイ集『嫌ダッと言っても愛してやるさ！』は、彼がバンド「ザ・スターリン」を始めた1980年から85年、時代の寵児としてマスコミや世間を大いに撹乱した時期（同じく私が彼と濃い仕事をした時期）のエッセイや対談、他に代表的な歌詞や貴重な詩などが収めてある。本人が〝2007年リミックス新装版あとがき〟ページで語っているように、〝30代前半5年間の肉体も脳ミソも一番活発に躍動してた時〟の〝血管を血がドクドクと流れていくのがよく感じられて、恥ずかしいぐらい〟に生々しい迫力に満ちあふれた文章群であり、〝今まで出したどの本よりも一番好き〟で〝人目にさらさないよう、愛おしく隠すように抱きしめたい〟と書き残した本の文庫化だ。

私がミチロウを知ったのは、1980年、まさにスターリンが結成された直後だった。スターリンの初代のベーシストになる杉山晋太郎とは同郷の福岡で知り合いだったが、彼が上京し私が住む高円寺の近くに越して来たのをきっかけに、よく飲んで遊んでいた。「めっちゃ面白い人とバンドがいる」、「弾けないのにベースを担当してくれとスカウトされて練習している」と、楽しそうに教えられたのがミチロウとスターリンだった。福岡にいる時は、明るくハイカラなスピード感を持つ典型福岡ロッカー然のシンタロウだったが、上京してからはオルタナティブな文学や音楽指向が急激に高まり、日に日に毒華《どくげ》な臭いを身に纏《まと》い始め、私が全く無知だったヴェルヴェットアンダーグラウンドや興味深いフランス文学の数々を教えてくれたりして、彼のセンス急成長ぶりには瞠目させられていたので、彼が入るというバンドに私は俄然注目したのだ。

私も映画『狂い咲きサンダーロード』公開やら次の企画（紆余曲折で『爆裂都市』になる）やらで、熱い狂騒の日々を過ごしていたが、「電動こけし」ソノシート、「スターリニズム」5曲入EPと、時々シンタロウと会って知るスターリンの活動力の急上昇度と、比例してのシンタロウの凄みの加速ぶりは壮絶だった。

いつスターリンのライブを初めて見たか、ミチロウと初めて会ったかは覚えていない。シンタロウと同じくすぐ近くに住んでいながら、ミチロウは酒も全く飲まないし、6歳ほど上だったし、ロックミュージシャンというよりはヤバそうなテロリストに見えたし、80年大晦日の新宿ACBのライブは強烈に記憶にあるが、ライブ後は冷静に話をするような雰囲気ではなかったし、私も難しいことを話すのは苦手だったので、彼の人となりはほとんど何も知らなかった。

素顔の彼を初めて知ったのは『爆裂都市』の地道なアフレコ作業の時だ。日常の彼を知る人が誰でも伝えるように、ミチロウの仮面を脱いだ彼はまるで別人で、眼鏡をかけ東北訛りで腰の低い控えめで穏やかで知的、温厚で優しく不器用な人であった。ライブで観客を狂乱させ挑発しまくるスターリンの楽曲やパフォーマンスは、日雇い労働で鍛えられた彼の強靭な肉体が象徴するように、独り黙々と孤独な作業を通じて鍛え上げられた思考がパンキッシュ&オルタナティブな破壊力と呪力に満ちたリズムやフレーズと意図的、突発的に衝突させられて発火爆裂し、自己の思考や幻想や表現からの突破と同時に、バンド仲間との関係の突破、集まった観客たちとの共同幻想の破壊と突破、前もっての予定調和をすべて破壊しライブ表現に関わるすべての事象を次の次元へ引き上げてまだ見ぬ地平へ突破させたいという高潔なる意志、大いなる野心、悪魔的戦略、狂的な(本来の大道)芸能力、無謀な先導、窮鼠《きゅうそ》反撃の火事場バカ力など、矛盾するエネルギーの幾重の渦巻の衝突によって、遠藤道郎を遠藤ミチロウに突然変異させて奇跡的に出現したモノであると思われる。

この突然屁ン異を生み出すきっかけとなったのは、根暗なコンプレックス者で内なる破壊表現衝動に悶えていた私に同様の発火力を与え給うた、スターリン結成数年前からのパンク〜オルタナティブムーブメントであろう事は間違いない。ただし、彼の内部の爆発物の核の醸成は、根無しの流人的雑草生命力や間違って前向きにも転がれる南国博多ラテン系の野性の陽気さもせめぎ合う私のそれとは決定的に違って、彼がこの本で語る〝東北型時間差負怒病〟〝東北は日本の植民地〟といった本人の意識無意識の底流に厳然として堆積する先祖代々からの拭えない土着的な認識が関与していることも間違いない。幾多の複雑で重層的なコンプレックスを抱えた知的な内的感受性は、出身地よりもさらに東北奥地へ遡る山形での隠遁的生活、アジアの民衆地放浪、詩やフォークとの出会いによる路傍の表現者としてだけでは表現発火はくすぶり、欲求不満が溜まり続けるだけだった。元来は純文学的な批評と詩的な言葉表現の人であった遠藤道郎さんが、パンク・オルタナティブムーブメントという爆発信管プラグとの出会いによって、遠藤ミチロウとザ・スターリンというモンスターへ膨張変異したのだ。

私が当時のミチロウのライブ体験を通して、いつも痛切にヒリヒリと感じていたのは、文字通り裸一貫で自己と観客とのスターリン共同幻想をぶち壊そうと、傷だらけゴミだらけ臓物や小便や唾の液体だらけになって悪戦苦闘の内にのたうち廻る姿が、彼の企て先導の論理やスキャンダラス逆利用の思惑の是非や価値を越えて、何か〝生け贄の儀式〟、ライブに集まる若衆の巨大な欲求不満の集積が、一見邪悪で強靭な魔王に見える肉体と魂を業火の饗宴の中に燃やし尽くし、喰らい消費し尽くすかのような〝儀式〟に見えるという事だった。懲りることなく進んで、自己破壊も辞さずとそこに我が身を捧げ尽くそうとする捨て身のミチロウやシンタロウやメンバーたちのマッドさ、芸能の極の力に驚愕し、畏怖したものだ。

私は当時、クリエイターは表現したものがすべてで裏に張り付く理屈理論、何故そんなことをするのかという本音は、受け手にとっては表現を狭める事に繋がると信じ、表に出す必要はないし知らなくて良いと決めていたので、この本に書いてあるミチロウの思考や本音は知らなかったし知ろうともしていなかった。今回初めて読ませて貰って、当時の歌詞的な過激な言葉を、音やライブ狂騒分もハイパーミックスして言葉に定着しつくそうする無謀な勢いを感じるエッセイ、彼の思考の本音（本根）を露悪的に挑発的に言語化したエッセイ等々に当時のモンスターのライブや楽曲を追体験させられ、彼がリスペクトする吉本隆明氏との対談、ジャックス早川義夫氏の歌詞の素晴らしさについての熱深い論考、パティ・スミス師について書かれた文章など、極めて素直に真摯な言葉が紡がれている部分で、はじめて、ミチロウならぬ当時の遠藤道郎さんと落ち着いて話を交わしたような気分にさせて貰って、個人的にはそれがとても感慨深かった。この後、再びこの時期の活動成果をさらに強靭にして回帰した孤高なソロ活動を核として、多彩な表現方法を広げ続けた遠藤ミチロウは遠藤道郎に統合し直されて、唯一無比の表現者として地に足つけて闘い続けた。

（映画監督）

●帯文

「ロックの風上にも置けない者のみが、ロックの救世主になっていく。」

峯田和伸

※本書の中には今日の人権意識に照らして不当・不適切な語句や表現がありますが、時代的背景と作品の価値にかんがみ、また、著者が故人であるためそのままとしました。
特に、本書36ページに「東北は部落だったのだ」という記述がありますが、著者が故人であるため原文の削除や書き換えは行っていません。この部分は一九八二年に書かれたものですが、いま文庫化にあたって、著者の意向をきくことができないのは、とても残念です。

ちくま文庫編集部

JASRAC出1909751-901

本書の単行本は、最初、一九八二年十二月、『嫌ダッと言っても愛してやるさ!——遠藤みちろうファースト・エッセイ』の書名でK.K.ダイナミックセラーズから刊行された。エッセイと写真(石垣章)がデザインされ、対談(石井聰亙＝現・石井岳龍、藤原新也)も掲載。編集・鎌田裕二、意匠・神山昇。

その後、二〇〇三年五月に『【1980—1985】遠藤ミチロウエッセイ集　嫌ダッと言っても愛してやるさ!　2003リミックス版』の書名でマガジン・ファイブから刊行された。この時に、本書第1章の1980年代初期エッセイが収録された。DVD付。また、四人の漫画家の五作品、十一人のコメントが入っている。編集・菅野邦明。

その後、二〇〇七年七月に『【1980—1985】遠藤ミチロウエッセイ集　嫌ダッと言っても愛してやるさ!　リミックス新装版』の書名でマガジン・ファイブから刊行された。この時に第4章のマンガ論が収録された。

※関係者の方でご連絡のつかない方がいらっしゃいました。お心当たりの方は、編集部までご一報くださいますようお願い申し上げます。

1994年10月 8 日三鷹にて　撮影　地引雄一

たましいの場所　早川義夫

「恋をしていいのだ。今を歌っていくのだ」。心を揺るがす本質的な言葉。文庫用に最終章を追加。帯文＝宮藤官九郎　オマージュエッセイ＝七尾旅人

ぼくは本屋のおやじさん　早川義夫

22年間の書店としての苦労と、お客さんとの交流。どこにもありそうで、ない書店。30年来のロングセラー！　（大槻ケンヂ）

生きがいは愛しあうことだけ　早川義夫

親友ともいえる音楽仲間との出会いと死別。恋愛。音楽活動。いま、生きることを考え続ける著者のエッセイ。帯文＝斉藤和義　（佐久間正英）

心が見えてくるまで　早川義夫

「〝語ってはいけないこと〟をテーマに書きたい」という著者渾身の書き下ろし。「この世で一番いやらしいこと」や音楽関係のこと。帯文＝吉本ばなな

一人盆踊り　友川カズキ

何者にもおもねらず、孤独と背中あわせの自由を生きてきたフォークシンガー・友川カズキ。生き様に裏づけられたエッセイを精選採録。　（加藤正人）

ぼくが真実を口にすると　吉本隆明88語　勢古浩爾

吉本隆明の著作や発言の中から、とくに心に突き刺さったフレーズ、人生の指針となった言葉を選び出し、それを手掛かりに彼の思想を探っていく。

Ａｉ　ジョン・レノンが見た日本　ジョン・レノン絵　オノ・ヨーコ序

ジョン・レノンが、絵とローマ字で日本語を学んだスケッチブック。「おだいじに」「毎日生まれかわります」などジョンが捉えた日本語の新鮮さ。

狂い咲け、フリーダム　栗原康編

国に縛られない自由を求めて気鋭の研究者が編む。大杉栄、伊藤野枝、中浜哲、朴烈、金子文子、平岡正明、田中美津ほか。帯文＝ブレイディみかこ

花の命はノー・フューチャー　ブレイディみかこ

移民、パンク、ＬＧＢＴ、貧困層。地べたから見た英国社会をスカッとした笑いとともに描く。200頁分の大幅増補！　帯文＝佐藤亜紀　（栗原康）

ネオンと絵具箱　大竹伸朗

現代美術家が日常の雑感と創作への思いをつづった２００３～１１年のエッセイ集。単行本未収録の28篇、カラー口絵８頁を収めた。文庫オリジナル。

ホームシック
ECD＋植本一子
ラッパーのECDが、写真家・植本一子に出会い、家族になるまで。植本一子の出産前後の初エッセイも。二人の文庫版あとがきも収録。（窪美澄）

中島らもエッセイ・コレクション
中島らも 小堀純編
小説家、戯曲家、ミュージシャンなど幅広い活躍で没後なお人気の中島らもの魅力を凝縮！ 酒と文学とエンターテインメント。（いとうせいこう）

ゴッチ語録 決定版
後藤正文
ロックバンドASIAN KUNG-FU GENERATIONのフロントマンが綴る音楽のこと。対談＝宮藤官九郎他。コメント＝谷口鮪（KANA-BOON）

アンビエント・ドライヴァー
細野晴臣
はっぴいえんど、YMO……日本のポップシーンで様々な花を咲かせ続ける著者の進化し続ける自己省察。帯文＝小山田圭吾（テイ・トウワ）

生き地獄天国
雨宮処凛
プレカリアート問題のルポで脚光をあびる著者自伝。自殺未遂、愛国パンクバンド時代。イラク行。現在までの書き下ろしを追加。（鈴木邦男）

動物農場
ジョージ・オーウェル 開高健訳
自由と平等を旗印に、いつのまにか全体主義や恐怖政治が社会を覆っていく様を痛烈に描き出す。『一九八四年』と並ぶG・オーウェルの代表作。

絵本ジョン・レノンセンス
ジョン・レノン 片岡義男／加藤直訳
ビートルズの天才詩人による詩とミニストーリーと絵。言葉遊び、ユーモア、風刺に満ちたファンタジー。原文付。序文＝P・マッカートニー。

バーボン・ストリート・ブルース
高田渡
流行に迎合せず、グラス片手に飄々とうたい続け、いぶし銀のような輝きを放ちつつ逝った高田渡の酔いどれ人生、ここにあり。（スズキコージ）

深沢七郎の滅亡対談
深沢七郎
自然と文学（井伏鱒二）、「思想のない小説」論議（大江健三郎）、ヤッパリ似た者同士（山下清）他、人間滅亡教祖の終末問答19篇。（小沢信男）

カスハガの世界
みうらじゅん
ぶわっはっは！ 見れば見るほどおかしい！ でももらっても困るカスのような絵ハガキ。そのめくるめく世界を漫画で紹介。文庫版特別頁あり。

ちくま文庫

嫌《いや》ダッと言《い》っても愛《あい》してやるさ！

二〇一九年十月十日　第一刷発行

著者　遠藤ミチロウ（えんどう・みちろう）
発行者　喜入冬子
発行所　株式会社　筑摩書房
東京都台東区蔵前二―五―三　〒一一一―八七五五
電話番号　〇三―五六八七―二六〇一（代表）
装幀者　安野光雅
印刷所　三松堂印刷株式会社
製本所　三松堂印刷株式会社

ISBN978-4-480-43623-8　C0195